WONDERS
FILA

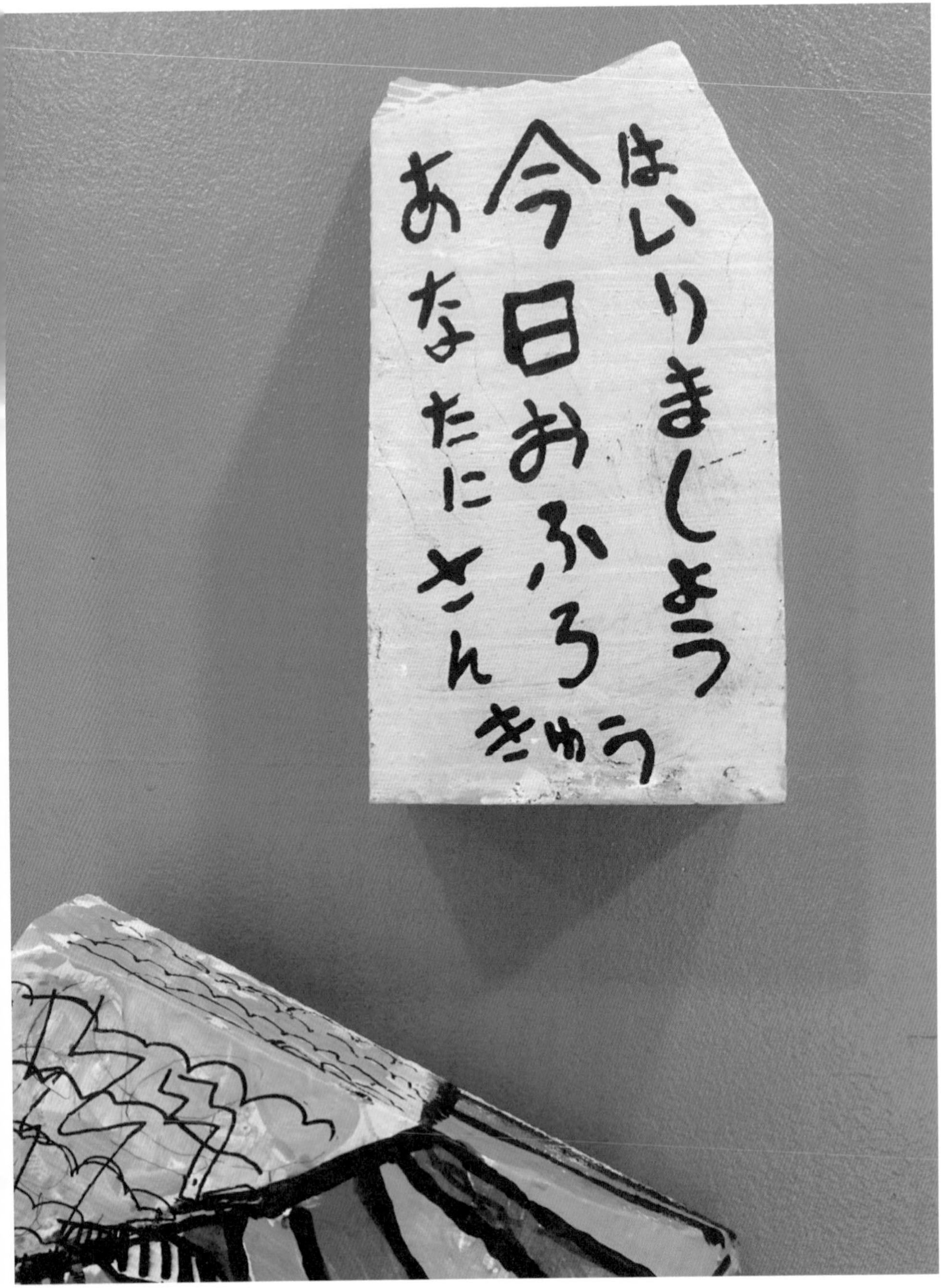
はいりましょう
今日おふろきゅう
あなたにさん

活出率真本來的你，就很好

ありのままがあるところ

福森伸

Fukumori Shin——著

Crystal Tsai——譯

目錄

Chapter 3

Chapter 4

人生於世、活於世

序

菖蒲學園裡有一個「挖坑的人偶」這樣的著名角色。

約略在三十年前，我曾拜託一位園友「請在這裡挖一個坑」。當時我們都會把學園裡的廚餘堆肥埋在旱田的角落，為此需要在田裡挖坑。他也知道廚餘堆肥都是這樣處理的，所以我想這個任務交給他沒問題。到了當天傍晚，看他還沒有回房，便四處找他。經過田邊的時候聽到了人的聲音，仔細一看，他挖了一個比自己身高還深的坑，沒辦法從坑裡爬出來。

就只因為我並沒有對他說明「應該要挖多深才好」這種在實際操作時的指示。當我看見在坑裡的他的那個瞬間，對他那股執著且純粹、毫無雜念的心感到驚嘆，也讓我打從心底想待在他和他們所有人身邊，更加貼近地一路陪伴著他們。順應自然應當是人類本能的行為，而我們已漸漸失去了這個能力。

挖坑

應該就像日常生活中翹著腳、手托著腮，那般不經意，但不知道為什麼我們不論做什麼，都會加諸意義與目的於所有行為上，如同社會的運行結構和秩序，隨著人類知識的發展，人們變得認為遵循規則與慣例是理所當然的。

在患有智能障礙的人「不具目的」的行為，每天所做的事情並沒有一個明確的達成目標，卻有著能讓人舒暢的成就感。

菖蒲學園以木工及織品創作為首，致力於許多工藝製作，但對園友們而言，雕製木件、縫製布品這些行為並無異於在田裡挖坑，進行的活動，不論是否具社會價值或是能否受到讚揚，這些都只是為了自己自身的行為。他們不去預測結果，只專注於眼前的狀況。就這樣將事物一個一個銜接在一起，在學園裡只有率真純潔的創造性和天真純粹、順其自然的揮灑。

我們將他們稱為「患有智能障礙的人」，但是，這些園友們不認為「自己是障礙者」的人大有人在，他們多數認為「自己很普通」。雖然我沒把握他們是怎麼去理解「普通」這個詞的，但應該是因為他們認為，自己在生活上的行為舉止和健康的人相比並沒有什麼不方便不自在的地方。

對於不認為自己身為障礙者的人，我們不應該擅自稱他們為障礙者。然而我們這些支持組織，打從一開始就以認定他們是「患有障礙的人」的前提之下和他們相處。所謂的障礙者到底是指誰啊？再者，對「患有障礙的人」提供支持協助的工作究竟又是什麼。

每天的日常生活中總會發生各式各樣不能預期的事情，時光從不停留就這樣持續流逝，人們各式各樣的生活方式，就是由一件又一件的小事累積漸漸地塑形而成。我回首過往時光，以前總是覺得只要能讓園友過得更幸福，哪怕只有多一點點，也要盡力而為。但我的想法漸漸開始轉變。如果那麼做，不就只是在干預他們的生活方式所做出的多餘舉動嗎？我發覺自己的所作所為是受到社會的規範與常識所困，深信自己才是正確的，想要把他們拉到世人所謂的「正常」之中。

和那位在田裡挖坑的園友舉動類似的事件，每天在我們眼前不斷重複發生，他們從不否定眼前實際發生的事情，不和其他人或環境對抗，任憑事物的發展順其自然的處事態度，也不知道目的是什麼，對他們來說即興就是最自然的，但我們卻把這些理所當然會發生的事當成一件件的意外事故。所以甚至說出「做這樣的事你是想要達成什麼目的？比起做這些，還不如做一些可以實際得到成果的事情，不是比較好嗎？」這樣的話。

當我意識到對他們而言既沒有需要達成的目標，而且失敗這兩個字也不存在他們的世界裡時，我就不再尋問他們這類的問題了。他們不受別人激勵，也不會被其他人影響，可以發現他們就這樣原原本本地展現出人類最原始的欲求。當逐漸了解這個事實之後，我也有所覺悟，不論是哭是笑，是生氣或是悲傷，這些情緒本來就是旁人無法介入的。因此我發現在陪伴照顧他們吃東西、睡覺、玩遊戲這些日常生活時，也同樣不要以我們的價值觀和常識為準，而是要以他們特有的價值觀為基準才是適合他們的。

這麼做的話必定能發掘出人性有趣的那一面。

相對於健康的人所具備的社交能力，他們以人類原本該有的生存方式生活，卻遭遇衝突。然而用尊重人性的支持照顧方式必定成為未來趨勢，因為他們的生活方式，告訴我們人類具有哪些與生俱來的能力。

即便是我們，和如此感情豐富的人們相處，也會變得更加敏感，有時會讓我們失去社交能力與協調性，就像這樣，彷彿置身於不同以往的世界裡，這點甚至是讓我感到有些高興。他們好像是沒有常識、不懂規範，但卻像率直的、充滿矛盾心理的自己。一旦發現了這點，就會想要拉近彼此之間的距離。

雖然我們都知道地球是圓的，但日常生活中怎麼看都是平面的。可是就因為地球是圓的，所以只要持續向前奔跑，一定可以回到原點。以結果來看，以為自己已經不斷地累積各種可見的事物、已有所成長，但這說不定只是錯覺，我們有可能只是朝著最初的原點前進。無法好好察覺和理解的人們，他們行為的意義與價值，究竟又何在呢？

Chapter 1

若心不在焉，則視而不見

將木材鑿成木屑為止

菖蒲學園裡的木工工房平常就以雕鑿木材和製作器皿為主。

我問了園友一郎「要不要做個容器呀?」他率直地回答了一聲「好」。說著「那麼就好好加油喔」,我將材料交給了他,又繼續自己手上的工作。但是,他其實沒有辦法在製作的時候,以形狀是否左右對稱、器皿的厚度是否纖薄、器皿的口緣收邊是否滑順這些條件當作判斷基準。甚至只要我一不留意,就可能會鑿破器皿的底部。因此我們也製作了可以依循著雕刻的輔具,讓他不至於將器皿鑿穿。且為了不會做出凹凸不平的器皿口緣,也先用鉛筆畫上記號、在不能拋光的位置貼上膠帶等等,想出這些小竅門一步步地教他們製作方法。

雖然如此,製作過程中,仍然時常會發生做過頭或是少做了的時候,所以不論幾次都要一再反覆地教他們。做壞的地方就由工作人員來修正,必須一遍又一遍地教他們。就這樣不斷重複，雙方一同努力著。

過了一會兒，因為木槌敲打鑿子的聲音停了下來，我就走過去看看他的情況。一如往常，他將器皿的底部鑿穿了一個洞，即使這樣仍順著自己的意繼續雕鑿，直到最後開心對我說：「做好了」。已經看不到原本設計是要做一個大型器皿的影子，大木塊全都被鑿了個徹底，變成了木屑。的確，可以雕的地方都完全被鑿過了，讓我驚訝到說不出話來。他打從一開始就沒有打算要做一個器皿，只因為雕刻讓他很快樂，所以單純地專注於雕鑿的動作。

學園裡除了木工工房之外，還有和紙造型、布藝、陶藝等共四個工房。在福利機構裡進行的技能訓練，就是以讓園友具備能在社會上生存的能力，以及學會一技之長為目的。也就是為了讓他們能夠融入社會所進行的訓練，職員們的工作

木雕製作風景（木工工房）

之一即是輔助他們學習。

在學園中的木工部門成立於一九八五年。成立當初以「工房菖蒲」為名，是為了有一天想讓學園裡的一些園友們能夠獨立出去成立工作室。為了達到這個目標，首先我自己必須成為一名能獨當一面的木工匠，因此必定要精進木工技術。我跟著製作家具的書籍有樣學樣地開始了木工製作，不懂的地方就直接去問附近的細木工坊、木工們，或是興沖沖地跑到百貨公司裡的家具賣場仔細瞧瞧桌子底，「原來如此，原來做法是這樣的呀。」像這樣研究參考，僅靠著獨自學習，不分晝夜都在想著要怎麼做才能做出接近市面上流通的商品品質。

若要說為什麼我這麼堅持注重品質，是因為無論如何都不想靠著「這是由患有障礙的人努力做出來的。」這種賺人眼淚的故事來取勝。我的目標是要做出即使不利用福利機構這個濾鏡，也能讓人感受到魅力的物品。如果是這樣的話，即使患有障礙的人，一定也可以在社會上與人平起平坐。當時二十幾歲的我認為「說穿了患有障礙的人和健康的人也沒什麼兩樣啊，同樣身為人類，對吧？」十分堅信這樣的想法。

因為一心想追求達到專業的品質，不論是做湯匙、盤子或碗都不容馬虎，因此看著材料被鑿成了木屑很傷腦筋。

工房菖蒲成立後的那十年，我專心致志只為了不斷提高木工技術。非常仔細的教導園友，只要在雕、鑿出整齊美麗的形狀上有些許進步，我都會稱讚他們「做得真好呢」，接著鼓勵他們「那麼，再繼續加油吧」，不管怎麼說「做得越來越好囉」、「現在做得很好喔」是種很讓人開心的事情，所以他們一定也是想著要變得更厲害吧。因此，我擅自覺得他們也和我有著同樣的想法。

而現實卻不是這麼回事。即使是仔細地教導好不容易學會的事情，只要隔了一天，又必須再從頭教起，這是常有的事，事情總不像我所預期的那樣順利。就算因為是患有智能障礙的人所以學起來比較困難，只要能夠花費時間和愛心仔細地教導，能學會的事情一定越來越多、一定會有所成長。我當時是這麼想的。

若是把步驟告訴他並問：「懂了嗎？」他會回我：「嗯，懂了」，但是再做一次決絕不會和之前教的一樣。我不氣餒的說：「再繼續加油喔」對方點頭回答一聲：「嗯」，他們是不是真的知道「嗯」的意思，又或者只是單純的應聲附和，每個人的狀況都不同，要辨別十分的困難。

這之中也有鑿到穿過底部的人。不僅是浪費了材料費，也沒辦法製成商品。就算如此，如果在製作時阻止他們「不可以把底部鑿出洞喔」，他們又會露出不滿的表情，而那種神情總是讓我如鯁在喉一般的不舒坦。「如果成品可以和健康的人做的一樣的話就好了」雖然會這麼想，但總覺得這種想法對他們來說「好像哪裡有點不對勁」。這種糾結的心情一直盤踞在我的心裡。

材料與道具皆齊全的木工工房

我開始在菖蒲學園工作的理由

我對於福利機構是怎麼一回事完全沒有概念，因此也沒有什麼特殊深刻的想法。

也不是說有什麼想做的事情，也沒有要做的事，那麼就回去父母創立的菖蒲學園來工作看看吧。就這樣，在一九八三年我二十四歲的時候，決心結束在東京生活的日子回到鹿兒島。我以這樣的心情開始參與福利支援的工作。

自己想做的事情是什麼、人生的目標是什麼，我也曾經試著找尋這些答案。大學時我是橄欖球隊的一員，每天埋頭努力練習，因此讓我在大學時就得到了日本第一的頭銜，但是因為這樣讓我開始反思，如此艱苦的住校生活的目的，所以大二時就退出了球隊，開始過著自由的學生生活，每天過著打工、衝浪的日子。

畢業後當了背包客到美國西岸，從舊金山南下到聖地牙哥，和在那裡認識的美國人和加拿大人三人合租一房。

找了工作之後，我買了一部二手機車代步，看著街上家家戶戶掛著星條旗的街景奔馳在街上，讓我深深地感受到自己身在異鄉，回想起身處日本時那種抑鬱的心情，這時已一掃而空，滿心想著自己來到一個自由的國度，情緒高漲。我在美國做著庭園師和建築工人等工作賺錢生活，雖然我能夠使用英語問路和買東西，但實際上語言的隔閡還是很大的。

我因為憧憬自由而來到美國，卻隨著時間的累積漸漸地感到不自由。想表達的事情沒有辦法傳達給對方，因為不懂得語言就不具有傳達的技巧，因此偶爾遇見會說日語的人就感到十分的開心。即使我當初是賭上一切，頂著就算是死了也無悔的覺悟來到這裡的，繼續這樣在美國生活也是十分吸引人的選擇，但如果繼續這樣下去的話，我究竟是為了什麼而活著的呢？我想做的事到底是什麼？當我開始思考所謂活得自由的真義，這些疑問一直纏繞著我。只是單純的在美國生活到底有什麼意義，這也讓我感到空虛，心中懷抱著這些煩惱，最終僅過了一年就結束了我在美國的生活。

回國後，我又開始在東京的咖啡廳及義大利麵餐館打工，因為對大眾傳媒充滿憧憬，也同時在電視台及出版社投履歷、面試，但是理所當然的都沒有被錄取。

有一次，得到了在當時很受年輕人歡迎的設計事務所工作的機會，但是，卻被問到：「你的父母在經營福利機構對吧？如果有一天你突然說『我要回去繼承父母的事業』，只做一陣子就要離職，那不就傷腦筋了。」雖然我當時還不想繼承，但也沒有辦法保證自己絕對不會回去。我很訝異自己居然沒有辦法果斷地回答，因此決定不在那裡工作。繼續待在東京也只會一事無成，既然如此，乾脆回去鹿兒島。就這樣，我決定回到故鄉。

雖然說本來對於福利支援的工作沒有什麼興趣，創立菖蒲學園之前，我母親在擔任兒童福利院的指導員，當時我還小，放學後都會跑到媽媽的上班地點玩耍。那時候認識的人都叫我「小伸」，其中也有許多人是現在菖蒲學園裡的園友，他們即便是到了現在，依然是這樣叫我。在我平常的生活中接觸到患有障礙的人，並不會讓人覺得他們有什麼異常的地方，對於他們，我也沒有太多的專業知識，所以心情上可以很自然的和他們互動。

這樣的我在菖蒲學園工作沒過多久，因為一句「可以幫忙做一個宿舍裡用的排水板嗎？」成為了我成立木工工房的契機。這也是我先前提到的「工房菖蒲」的起點。因為我的個性是屬於容易沉迷的性格，只要對事情一感興趣就會一頭栽進去，想要精益求精。雖然這是我第一次接觸木工，但原本就很喜歡自己動手做東西，於是借用了當時體育館的一角，大約三乘以四平方公尺大小的倉庫空間，作為工房菖蒲的起始據點。

可以做到原本做不到的事，究竟是怎麼一回事呢？

菖蒲學園裡有個以服裝、刺繡等等包含所有織品相關內容的「uni Project」。現在負責統整這個專案的，是在我回鹿兒島時和我結婚的順子（のりこ，Noriko）。uni Project的前身是布藝工房，除了刺繡之外還會接以大島紬織機織做布匹的訂單。梭織布在織作時，經紗絕對不能歪斜，形狀若是不平整，就必須解開經紗重新來過。而手縫刺繡時則會先畫上記號線，標記要縫的位置。園友若是沒有依照記號線的位置縫，我們就會和他說「再加油努力縫一次吧」，要求他們重做。對於「再加油努力縫一次吧」這句話，即使他們回答「嗯，我知道了」，縫線仍不會依著記號線，不管怎麼樣都會歪掉或是縫過頭。只要糾正他們：「不是這樣喔」，就會見到園友一臉彷彿已經做不下去般的陰鬱表情。順子也同樣面對著我在木工工房所遇到的困境，那時工作結束後，我們兩人一碰頭總是對著彼此說起他們的種種行為，又雖過頭了、又縫歪、縫過頭了，「要做到那種程度才要結束嗎？」、「做到這裡就好了嗎？」、「我們的這種心情究竟是什麼呢？」我總是很在意他們那些令人出乎意料的行為。

順子個性和我不同，該說她很有耐心或者該說是悠哉的性格，她好似對那些沒有按照標記，或是縫過頭的刺繡布著迷了，將園友們縫的刺繡布收集起來收在抽屜裡，連作者是誰、什麼時候做的都紀錄下來。

在這類事情不斷反覆發生的日子裡，我開始思考，一味地阻止他們那樣開心的離過頭、縫過頭，一直要他們克服困難去做到原本做不到的事情，究竟對他們而言是好事還是壞事。

說不定因為我們這些從事支持服務的人，在一開始就預設了想法和目標「不能鑿穿過底部」、「要縫成一條直線」，因此才會讓他們覺得不能順著自己的意，做得很痛苦。這麼一想終於發覺，如果可以依照自己的喜好來做，當然可以做得很輕鬆愉快。

一般來說，認真踏實的健康的人，在克服困難的問題、學習新的技術、增進自身的能力時會感到開心高興。也就是說，能夠做到原本做不到的事是很重要的。要說為什麼需要做到這種地步、決心要克服不擅長的事情，那是因為健康的人想要獲得別人的讚美，會想藉此滿足自己，從中感到充實。

反之，對障礙者而言，完全沒有任何動機促使他們去克服困難，努力去做到原本做不到的事情。為什麼我們只是為了貫徹自己的意欲和目的，就要勉強他們努力去做？能夠確定的是「可以做到原本做不到的事是件好事」，這個我從不懷疑的想法開始動搖了。

那個時候的我，拚了命想要提升大家的木工技術，想著只要這麼做，他們就能感受到生活中的快樂與幸福，換言之，就是能夠找到生活的重心與意義。但是，這麼做到底是為了誰呢？我隱隱約約發現，要讓那些在提升木工技術上得不到要領的人，也朝著這個目標努力，是不可能的。因此得到的結論是，我正在強迫那些人去做他們不擅長的事，甚至否定了他們的人性，只想要強迫改變他們。當我想通了這點時，腦袋裡閃過的畫面是太太順子以前給我看過的布塊。

牢牢地縫緊的布

有一天，順子對我說：「對並不是那麼有動力想做的人，不要再一直勉強他比較好吧。你看，這個，不覺得很棒嗎？」說著她把一個縫得牢固變成球狀的布拿給我看，那是園友郁代的作品。順子已經放棄要求他們照著記號縫得筆直。

放在我眼前的布塊，原本應該是平面的，原先的設計是要在上面繡上十字繡圖樣，但是郁代不管這些，把這塊布緊緊地縫成了一個圓球。這個成品看來是無法成為商品的，雖然如此，我一眼就被這個毫不矯揉造作的美麗配色和趣味十足的形狀所吸引。

另一次，和一位園友一起做衲縫繡的巾子時，順子在布上先畫了記號說：「照著這個記號就可以囉」，對方回答：「我知道了」，便開始縫了起來。但是，她就像是無視順子的話一樣，開始做和回答不同的事，雖然都回答「我知道了」，卻完全不照著記號縫，針腳一下往這一下又往那，沒有一針是按照記號縫的。直到幾乎要看不見布面了，刺繡線已經變得立體又突出布面。順子漸漸開始這麼想，對於從一開始就不能理解「縫得筆直」這回事的價值和意義的園友來說，沿著記號縫不具任何意義。

此外，改變這種「指導」方式的契機，和一般在福利機構中，職員們理所當然都會被稱為「老師」的這種狀況有關。

實際上，順子最不想做的工作就是成為「老師」，會這麼想是因為她認為老師有著「不讓別人做真正想做的事，老是在強迫別人做不想做的事」的這種形象。也就是說，順子最不想成為的就是，以讓人討厭的「老師」身分和園友們交流，當她發覺這一點時便不再教別人了。如此一來，在工房裡可以看見被縫成球狀的「作品」散落四處，每當看到這些塊狀物時，就可以讓順子感到「我存在於此」。

順子從小就喜歡線和布這類東西，想著可以讓擅長裁縫的母親教自己，用自己喜歡的方式做出喜歡的東西。但對於母親來說，看重的卻是裁縫的技法正不正確，並想以這種嚴謹的方式教導她。每當順子用自己的方式縫，母親就會說著：「這樣

nui project布展（詳細內容請參考155頁）

做不對」，一次又一次地打斷她。

順子並不擅長井然有序細心的縫製，只是想要依照自己想做的方式來做，覺得只要這樣就好了。不顧當事人只想要做到這種程度就感到滿意了，而強迫對方要達到更高的正確度，這是她沒有辦法忍受的，為此常常和母親吵架。

也因為這樣，當順子看到園友不依照記號線縫成直線，還可以如此抬頭挺胸毫不羞愧，仍舊依照自己的想法來縫的態度，發現自己很想要認同這樣的他們。在看到被縫成圓球的布塊時，感到好像是以前的自己也被他們認同了一樣。

順子這麼說：

「強迫他們要縫得筆直，就好像看見以前那個一直被否定的自己。所以啊，不要要求他們去做做不到的事情，在這裡做自己喜歡的事，然後能夠因此感到很開心，這樣不就足夠了嗎。如果能有這樣的時光，對我來說是比什麼都還讓人愉快的，這樣一來就會覺得，即使面對困難的問題，也能夠一件件迎刃而解。」

順子對他們說：「可以更依照自己想做的方式去做喔」，他們一開始聽到可以不用縫得筆直感到很困惑，真的可以照著自己喜歡的方式縫嗎？園友露出猶豫的表情說：「這樣做真的可以嗎？」好幾次小心翼翼地把正在做的半成品拿過來確認。接著在重複了幾次之後，他們會說：「這個做的很棒吧！」漸漸地變得有自信了。

即便如此，在職員之間對於這個做法也有著不同意見，「要縫得整齊劃一才行」這個想法仍然還是主流，不管說了多少次「就算縫得不直也沒有關係」，但還是離不開經年累月培養出的觀念，「不用縫直也沒關係，照你喜歡的方式做就好」，面對這樣的變革，要全體職員接受還有些難度。

當刮痕漸漸成為裝飾的時候

若先不談這些訓練是為了要讓園友融入社會而做的，即便縫不了直線或是把木頭都鑿成木屑，也沒什麼不好的。只要一這麼想，我發覺縫得不直的針法和鑿到變成木屑，這兩種行為具有相同的價值觀，只是一直縫著或只是一直雕著，就好似除此之外沒有其他的目的。

我們總是先有了想要做出一件商品的目標，或想要有一個成果，但是大部分的園友不管如何都不會具有這種想法。

的確，因為我說：「來做個容器吧」，而對方回答：「知道了」，就誤認我們有了共同的目的，所以對於無法依照指示好好做的人，就會想要引導他們去達成目標。以前理所當然地認為，支持服務的工作本來就是這麼回事。我們所提供的「範本」對他們來說太過於困難，即便如此，還是會不禁幻想，要是雕不好的人，總有一天也能雕得像「範本」一樣那就太好了。

可是，那個「總有一天」是什麼時候呢？就算是面對著終點，卻怎麼也看不見終點。如此一來，不管花多少時間，對於教導的一方和學習的一方，都變成一種痛苦的折磨。

只是一直縫著、只是一直雕著。

當注視著那雙只是一直持續地重複著動作的手，我們就能夠發現，不管成品縫得好不好、雕刻得好不好，在拋開目的與常識之後，可以引發出隱藏在潛意識裡的能量。那些能量讓他們能夠輕易地無視我所描繪的目的，還不僅僅是如此，因為他們所創造出的東西與我原本所預設的目的差距太大，因此在我們眼中，看起來就像沒有目的的行為。但是這些行為其實並不能稱它們是沒有目的，而應該要形容這樣的行為是「沒有目的性」的。

試著思索了一下，關於「有著目的」和「沒有目的」各是怎麼一回事。一般而言，擁有一個目的並努力去達成，被認為是正向的事。舉例來說，就像是騎自行車爬上坡道騎過險峻的山路，有著藉此鍛鍊體力與精神力的這個美學意識，最重要的

木雕的凳子

就是有著目的這個事實。

另一方面，若是在平坦的海邊，清風吹拂的道路上，順暢飛快地踩著腳踏車，沒有要去哪也沒有目的地，只是自在地騎著車。如果開始下雨了就在屋簷下躲個雨，因為前方沒有目的在等著自己，所以也不用特別為了什麼而努力，若是遇到上坡路就牽車慢慢走也沒什麼不行的。

沒有目的指的是，坦率地依從身體的需求而活，這絕對不是指懶散懈怠的生活方式，而是依賴自己所知的坦率行動，總是以平常自然的模樣，不興風作浪的生活方式。

只是一直拿著筆不停地畫著、只是一直不停地縫著、只是一直不停地雕著。

未來也沒有以作品為目的去完成的一天，他們不需要被稱讚，若是內心喧擾的話就會顯得不安，若是開心的話就會展現笑容，雖然沒有歷經修行卻能做到心體合一的生活方式。雖說有著目的並為此努力的生活方式也很好，我卻十分嚮往沒有目的的這種美學。

不論是誰，只要順著事物的運行方式而為的話，凡事做起來都很容易，不會感到不順手，或是感覺受到限制不好發揮，最重要的是，要是那麼做的話，大家看起來都會很幸福。很不可思議的是，當自己的價值觀改變之後，對事物的看法也隨之改變。雖然不能縫出直線所以沒辦法做成商品，但只要配色很美不就足夠了？這麼想的話，就算是用鋸子或鑿子在木材上留下了人為的刮痕等等，或是其它在社會上被認為是沒有意義的事情，我開始覺得，這些並不代表是該被禁止的。我漸漸開始認為，那是他們自己想做的事，也是他們擅長的事。

原本我擅自斷定，既然是商品，就不該有刮痕出現，但是在我看到園友們開心的用釘子在刮木材的樣子之後，慢慢的，那些刮痕在我眼裡越看越像是裝飾的痕跡，本來應該要報廢的木板，也越看越像是裝置藝術了。說不定可以活用在其他地方？我和其他職員商量，經過設計之後，決定將滿是刮痕的木板裝上框做成淺盆，並開始從外部得到「這個好有趣」的好評，這些作品因此變成了商品，一件一件慢慢地賣出去了。

若只看木板被刮傷了這個結果，那就會被視為「浪費」且不具生產力的行為。但是，若把它當成製作商品的其中一個環節，不要先去否定，而是將「刮傷木板的行為」視為「刻花裝飾」，就再也不用像製作定型化商品般「一定要照這樣做才行」的努力追求目標和成果。

當刮痕成為裝飾。如果繼續追尋他們的行為，就會讓我們開始思考，什麼是創作活動？像這樣在摸索之中，我終於意識到當事人想要達到的目的或是價值，和從事支持服務的人所預想的大相徑庭。

雖然作為一件商品來說是不完美的，但是不可思議的，卻產生出了充滿活力與能量的造型。說不定這會成為菖蒲工房的原創工藝，總算讓我看到了一個未來的方向。工房接下來的發展方向是，把創作完全的交給園友們，讓他們以自由的製作方式，任由在無意識下創作的每個人，擁有他們各自的堅持，在這種無法預測的情況之中，生產出有趣的創作。並不需要特殊的技法，雕刻的話，只需要鑿子和木塊；裁縫的話，只需要針和線就足夠了。無視旁人不論好壞的期待，就讓他們一步步確實的自由揮灑。

我會把他們所有的行為都視為「人類都是朝著具有價值的某樣事物發展」，是因為受到松本民藝家具的創設人——池田三四郎先生很大的影響。他連結了自身的體驗與對民俗手工藝的見解，讓我再次體認到，身為人，在創作、製作東西這件事上，是比活著還要更加重要的事情。除此之外，我也因此變得更能夠諒解患有智能障礙的人們的行為表現，以及其他許多關於他們的事情。

與池田三四郎先生的相遇

二十六歲那年，我在菖蒲學園工作沒多久，開始將木工加入學園的實作活動裡，那時曾去訪問了松本民藝家具。當時還不懂事，沒有事先聯繫就很冒昧的直接跑去見池田三四郎先生。

他領我走進書齋，寒暄也只是草草了事，劈頭便問道：「你知道現在坐著的椅子是哪個國家、哪個年代的嗎？」什麼也不懂的我歪了歪頭回答不出來。他接著又問：「牆邊的那張長椅你知道是什麼來歷嗎？」、「這把用了很久做得不好的椅子呢？」我仍然回答不出來，這時他說：「你啊，因為什麼都不懂，即使看了松本民藝生活館裡我所做的作品，也還是什麼都不懂吧。」我為對於木工或者是民俗手工藝什麼都不了解的自己感到很丟臉。

但是池田先生卻開始對我侃侃而談，訴說著他工作至今對民俗手工藝的回憶，我猜想或許是因為已年過七十五歲，因此對於死亡已有所感慨，所以才對我說這些話，或許對方是誰都不重要，不，應該是說就因為對方是一個來路不明的年輕人，所以才能夠如此坦率地和我分享他對於生與死的看法。

「和患有障礙的人要一起創作什麼好呢？」我提了一個直觀瑣碎的問題，對這個提問，池田先生回答：「只要給人一塊木頭和一把鑿子，他自然就會去雕刻的」、「只要一感興趣就會一頭栽進去了」、「到那個時候再去思索要怎麼做也沒關係的」，印象中他的答案是有些不確定性的內容。接著他說：「剛才我問你的那把做得不好的椅子的作者，是一位住在附近的國中英文老師。他完全不模仿，全靠著自己思索，僅憑著鑿子和鋸子，用心做出來的椅子，比起在那邊擺著的，使用世界上高超的技術和傳統所做的椅子毫不遜色，是一件非常棒的作品。」

我感到十分驚訝。還以為他會推薦我更具設計感的作品，完全沒想到他居然會稱讚起外行人所做的椅子。民俗手工藝的家具是重視坐起來的舒適度以及耐用性而嚴謹製作的，即便如此，池田先生所讚賞的卻是由鑿子與鋸子努力做出來，只能用樸素來形容的椅子。「這個雖然坐起來不怎麼舒服，但卻說不出原因的讓人想要一直坐著喔。就算做出一把形狀一模一樣的椅子，卻也有可能讓人怎麼也坐不住。」、「品嚐味道靠修練舌頭；聆聽音樂靠修練耳朵；鑑賞美術靠修練雙眼，但若心不在焉則視而不見，聽而不聞、食而不知其味。」他說著好似前人的話語，不論是任何事，若不用心就什麼也無法起步。一個人的心就決定了那個人的氣度，如此一來，物品一定也有物品的氣度，物品的氣度，即是坦率地反映著製作的人和使用的人的心，是透過心靈所產生的。因為和池田先生的相遇，讓我開始嚮往物品與心靈之間相繫的關係。

當我要離開時，我得到了兩本小冊

木製的器皿

子，那是池田先生為了學生們所寫的教材。幾年之後，我才能領會池田先生所說的話是何等深奧。自此開始，我將這些理念視為工房菖蒲應該要追求的目標。

現在，多數的園友們都沉迷於以木槌敲打鑿子，不斷鑿著、雕著木材。看著這些身影，就如同池田先生所說，人不會想參與不感興趣的事，因為如此，所以沒有必要讓別人去做不感興趣的事。此外，民俗手工藝的本質是包羅萬象的學習，和平常自然的觀念以及美的真諦，還有和諧等等，有著深厚的關聯，讓我體認到，我不只想要培養他們擁有立足於社會的能力，同時也想要讓他們保有人類的本能。從此以後，我認識到：美是要用心來看的。

感受到民俗手工藝的魅力

有句「物心如一」的教誨，指的是物質與精神是一體的啟示，即使是每塊石礫也都有它的生命。由池田先生所著的書《關於美》（『美しさについて』）（會津民藝夏期學校資料）其中有這麼一段內容：「所謂物品的風格，從前也被稱作物品的氣度，如同人會稱之為人的氣度一般，意即同於人格」。

那麼，在物的心與人的心之間是如何相通的？或者是說，如何去感受物與人相通，以及如何去解釋這與活著之間的關聯性？在此書中也舉了一個簡單的例子說明，看著純真的孩童就可以了解。

「從孩童們純粹的驚訝情緒之中所孕育出來的直覺，不受智慧的世界侵擾，在這樣純真的環境下成長的他們，一定能辨別何為美麗的事物。但是（中略）長大成人之後，當懂得越多的才智知識，反而讓他們在直覺的世界裡成了一個俗人。」

比起說是懂得美，應該要說是「體會得到或體會不到美」，這才是正確的說法。

要是將「體會」一詞說得更生動具有感情的話，它的反義指的就是知識。當看見一個物品會感到欣喜，或是想要擁有那樣物品，想要親自使用看看的這種感情被稱為是「喜好」的一種心理作用，即是和那件物品有了情感上的連結。物品將製作者的心與使用者的心連結在一起，我認為若那就是物品所擁有的心，物品即是心的媒介。

依據筒井正夫先生的論文〈柳宗悅的「物」與「心」〉，柳宗悅在「用之美」之中，是依照製作者的資質來說明的。

- 用品是供以使用為目的的無欲之心＝無名性
- 用品是供以使用為目的，不賣弄知識、不迷惘，亦不陷入感傷，專注於遵照傳統技法的無心性
- 以無欲性、無心性還有「經年累月的經驗，無盡地反覆操演製作」，即由傳統技法的手工技術孕育出自由與創造的境界

・用品是供以使用為目的，不以奇形怪狀或是觸目驚心等荒廢技法，樸素純真的低調特質

・將各地的自然、風土的特質直接反映在器具上，「順從於自然的心」

接著試著以服務對象的觀點來思考，「物品使用起來的感覺」，這句話所指的意思包含用起來好用、看起來好看，如果少了它會感到不便，另外還要以物品的實用性來考量，且同時又要能滿足心理上的需求，所以必定不能捨棄美感。

如上述所書，就培育出以物品為橋梁，讓使用的人和製作的人相互理解的文化。以手製作的工作，即是在全心投入、面對物品的那個瞬間，才能夠產生足以承受人類的所有悲哀、空虛的包容力。

「物器因被使用而美，因美而被喜愛，因被喜愛而持續被使用著。人與物器之間的關係就如此陷入無止盡的循環之中」（柳宗悅）。

物品與心也是，在製作的人和使用的人之間，有著互相「愛慕與被愛慕」兩情相悅的感情。一如鞍田崇先生的著書《民藝的親暱》（民藝のインティマシー）中所提及，物品的本身隱藏著能夠惹人憐愛的感情，這種感覺若是把物品擬人化來想，

就很簡單易懂。按照不忤逆純真的心而運行的物品的精神來想，因為自己的工作性質，讓我聯想到一直都保有純真的患有障礙的人們，完全符合民俗手工藝中的不誇耀知識、無心、順從性、反覆操演，以及持續性、樸素純真的這幾項要件。

各式各樣的物品的美，就像是反映出了各式各樣的人的美。

使用裝飾的技法，往往會導致隱藏了本質，讓人越來越看不清物品原本的樣貌。現今已不常見調和的外型、純真的心或是不造作的低調風格。有時我會覺得人們在成長的同時，對人事物的信賴感也會逐漸變得淡薄，因此感到無力而難過悲傷的這種心情在折磨著我。以高效率大量生產的製品，這些看起來好像十分便利且新穎的物品，在一時的流行以及華麗過盛之中看似充滿榮景，事實卻是四處氾濫、顯露出隨時都可能在一瞬之間就消失不見的脆弱物品，完全不能看出製造者的氣度。也讓物品與人心交流的製作產生的意義，朝著消失一途前進，物品的氣度也逐漸不再復見，這下該怎麼去判別什麼物品或是什麼人是值得信賴的、什麼才是真正可靠的？

人們對製作出來的物品從不停止評價討論，要對於任何事物都不加予任何評論看法是極其困難的一件事。雖然說不能停止評論，但卻能夠培養鑑賞事物的眼光。

就如柳宗悅所言「若知則不見」、「若不見則不知」。

也就是說為了培養直覺，以多看好的物品這種修行「感受＝情操」的方式來培育，再者，向其他人和文獻學習「學懂＝知識」，凡事都有情操和知識這兩面，兩方都不能輕忽。我所思索的「物心如一」是指，物體不止於外型，會依據每一個人的特質創造出「心以及行動＝行為」發揮所有能力的可能性。把自己所有的全部都毫不保留率直地展現出來，甚者一邊在自身感情和知覺交錯堆疊之下，一邊和人們來往交流，在我看來，就是活著的原點，也是人性的動能。

和園友一同進行植栽作業

山裡的樹木與庭園的樹木

前些日子，在早春的三月得知學園附近有一片一萬坪的雜木林要開發為住宅區。

想著可以在學園裡造林，便談妥將預定要砍伐的雜木移植過來，讓職員和園友一起到山裡去幫忙採伐樹木。當時在那工作的工匠說了：「山裡的樹可以種去哪啊？這種樹沒辦法變成庭園的樹木啊，要種在庭園裡的植樹必須要美觀有來頭，眾所周知的名樹才好啊！」

我從沒想過種在庭園裡的樹木和山裡的樹木有所不同，庭園裡的樹木，換言之即是所謂的「造園」的意思，是為了匹配、創造出庭園而種植相符的樹木。

我立刻回答工匠：「沒問題的。我們不是要造園，是想要來造一座山啊！所以從山裡來的樹正剛好。」

我果然還是想以自然風景作為這座庭園的藍本，雖然沒有人會對雜木林品頭論足，但是欣賞庭園之後，議論紛紛的人卻不少，因為有相關知識和典範，所以能被評價。但是，這種時候，不是以自己的雙眼鑑賞，而是因為具備相關知識，所以用「庭園就應當是這樣」的基準來鑑賞，反而因此搞不清楚美究竟是怎麼一回事了。

池田三四郎在前述的《關於美》之中引用了許多柳宗悅的文句，如是敘述：

「本來美感的問題就不該是取決於懂不懂，反而會因為想要弄懂變得更加不明白。這種情況是說，『懂了』一詞，一般是指知識性的內容，能夠被清楚明白地理解的意思。那樣的話，雖然能以智能上來認知，不過實際上讓人弄不明白，就是美的特性。（中略）憑自己僅有的知識『這個是這樣』、『這個不該是這樣』或是『這應該要是這樣』，以此來判斷事物，換言之，不應該妄加評判。如果這麼做，就是戴上了名為自身的知識的有色眼鏡來看事情，這麼一來，除了那副眼鏡本身的顏色之外什麼也看不見了，其他的色彩全部都被眼鏡的顏色毫不留情地吸收掉，只能看到一種顏色了。

所以，真正的物品之美，只能從它原原本本毫不矯飾的樣貌所見。也就是說，從一開始就不能以審判者的視角來看。老師曾說，從判斷所得到的，無一例外只是知識，不是美。自己是主人，也意味著物品是從屬這件事，如此一來當要品味、鑑賞美的時候，常常會覺得自己正被自己干擾著。

因此，從一開始就要捨棄所謂的自我，必須要以無心來接觸物品才可以。將自己化作一張白紙的狀態，將自己放在一個淨空的位置，先捨棄渺小的自己，才能成大器。換言之，一定要擁有嘗試接受一切的寬闊的心，這也是柳宗悅老師說過的話」。

現在，只為了理智和利益而做的物品，仰仗嶄新但膚淺的機能，以及不具意義的裝飾，濫造了一堆不需要的器物。能夠因為感受到了什麼，而體會到「這個好美」的機會幾乎是越來越少。而我對已經變成不是新的物品的「舊物」，甚至是最能夠鼓動人心的造型物的原點，也就是對「自然物」感到越來越強烈的興趣。

雜木林的美是從自然之中孕育而生，並且人類的喜怒哀樂也是由不需要理由就能夠感受得到的情緒之中孕育而生的。我覺得真實指的不是知識，而是要靠體會而來的。所謂的印象，是依循一個人自己的內在所產生出來的感覺，只有如此才能認識美為何物。

在我感謝著自然恩惠的同時，試著仔細觀察雜木林，發現到樹林正展現著那毫無企圖、輕鬆自在之美。如果要將這種美在庭園中重現的話，不能只有被修剪得筆直勻稱的樹木，也必須要有自然樹型的樹木，因為順從於追求空間與陽光，而自由伸展成柔軟造型的枝幹。只要將山裡的樹木移植過來，棲息在樹林裡的野鳥也會隨之而來，就如同若是有水流經，生物就會為了飲水而來一般。我們都十分了解生物為了生存，樹木是不可或缺的，在庭園種植了山裡的樹木，造了一座山的庭園，雖然模仿的對象是大自然，不過學園裡的庭園，我就是想用這種方式建造。

探尋因為製作物品而與他人產生的交流

我在做支持服務的工作時深信，只要產生了興趣，人們就會主動嘗試，就算這個想法是正確的，但不得不說這也是個單向偏頗的觀點。對於作業活動沒有展現一點興趣，感覺總是在放空的園友們，我不自覺就會拿各式各樣不同的事情去鼓動他們，想著不論什麼都可以，只要讓他們能夠對某件事情產生興趣就好。

實際上，即便是菖蒲學園，以前也會對常常不去工作坊的人勸說欺哄，無所不用其極的勸導誘騙，將如何把他們帶去工作坊，視為最優先的考量。無論如何都要把人帶過來，並且讓他們專注於手邊的作業是首要任務。自從我發覺透過製作物品能夠發掘出創作者的人性，讓他們得以發揮每個人本身所擁有的獨特風格，比起以前的作法，確實能夠做到更多的事情。

然而，下意識的「只要按照我所說的，他們一定能夠成就順遂的一生」，我內心有著這樣的想法也說不定，因此對於一面說著「加油喔」，一面強迫著他們努力的這件事，從來沒有懷疑過是否正當，想著只要不停反覆累積，對方也會理解自己的想法，且實際上也曾因這個手法得到回饋。

但是，很遺憾的，那是因為當時的他們，本能上知道，為了生存下去必須要配合職員的要求，現在回想起來，說不定那只不過是對方在配合我。

不管再怎麼順利地把總是不想去工作坊的那些園友們從房間裡帶出來，讓他們埋首於手上的作業，但他們總是以「我現在才不想做這件事」這種態度來無視那些被要求的工作。雖然是間接的，事實上卻已經轉變為強制的行為，我們也無法否認這個事實。

並不是想要對方服從於我們的想法，而是覺得他們本來就應該要配合我們。

我時不時會想起，把木材鑿成木屑的那個園友滿足的表情。那也讓我思考他們不想要參與作業的原因，很有可能是因為被分派到的主題和當下的他並不適合，因此我的想法開始產生了可以變化的空間。

「好好努力加油的話，一定會有好處喔」，這句話裡的「好處」究竟是對誰而言的好處呢？讓別人努力，說穿了不就只是我們的自我滿足而已嗎？那麼，能讓他們感到滿足的事情又是什麼呢？至少不是從被那個分配到的工作中能夠找得到的，「這個人會對什麼事情感興趣呢？」只能夠這樣面對他們不斷摸索，除此一途別無他法。比起讓他們專注在作業上，不如多花時間思考，眼前的他們想要的是什麼更為重要。

多數的園友們並沒有偷懶這個概念，原因在於這些工作原本就不是先取得他們的同意，不是他們自己決定要做的事，因此，不做工作並不是偷懶，而是拒絕。雖然看起來像是在偷懶，實際上是因為不想做，他們正在明確地表現出「這不是我們想要的」。如果我們可以發現他們的心情的話，和他們交流的方式就會從「努力學會本來不會做的事」，轉變為「找出本來就會做的事」。

如果說到，人對於什麼事會感到興趣，這對從事福祉工作的人而言，和照護的品質有著很深的關係。之於製作物品，一如前述，由雙手製作的物品會反映出製造者的心，「物品的氣度」是不可欠缺的；之於照護的工作，則考驗人和物品之間的氣度交流，參與者的心，即是在面對物品時的觀點，同時也是理解他人時的方式，進而影響照護的本質。就算眼前的人不照著記號縫成直線，這也不是應該要被否定的事，只是反映出了那個人的內心。如果可以發現這點的話，園友們就不用做任何的改變，只要以自己原本的樣貌活著就可以了。

要如何創作好的作品，條件就是，當一個人碰到適當的環境與適當的題材時，並不是出於想要對其他人宣示為目的而創作。適當的環境當然必須要是安全又舒適的地方，但更重要的是，要能夠醞釀出「適當的氛圍」這種抽象的東西，還有同樣重要的，身旁的夥伴，也是構成適當環境的一大要件。

因遵循世間的規則，我們的舉動被局限於自身所建立起的人際關係，深信著「這是正確的事」或「若不是那樣的話就不行」，因而要引導患有障礙的人去符合世間的常理的話，除了藉著否定人們的多元化來使其成立之外，別無他法。將這種「若不是這樣的話就不行」的價值觀和想法用在自己身上，旁觀者還無話可說，但絕對不能套用在其他人身上。如果像這樣改變彼此之間的關係，對於支持服務的觀點也會更加廣泛，那麼患有障礙的人也能夠以自己真實的樣貌輕鬆的生活，也就不用再努力去貼近健康的人所設定的「若不是這樣的話就不行」的目標，或是「只要不斷累積努力的話，就能夠做到原本做不到的事」的這種想法了。

我之所以能夠產生這種想法，或許是因為自己本身從沒有接受過如同教科書一般寫有標準答案的福祉教育。

學校或是行政機構這類具有公共性的組織，先不論好壞，都是遵循主流意見所訂定的教學計畫或是規則來判斷事物，這樣得來的常識容易淪為「只局限於從特定的視角所見的觀點才是正確的」這種想法。

雖然福利機構是一種公眾的存在，但是對於「要怎麼去理解那些對於活動並想不積極參與的人」，我們應該要尊重他們既有的需求以及想法，以更加正面的態度來考慮人們潛在的可能性。這即是民營福利機構的潛力，能適時地應對變化，包容玩心的所在。

未完成的創造力是無限的

社會福利（WELFARE）一詞，原來包含了幸福的意思。究竟什麼才是幸福的人生呢？WELFARE是由WELL（很好地、好運地）和FARE（旅行、生活）組合而成的單字，或許也能譯為「很好的旅遊指南」吧。

不論喜歡或不喜歡，生活上我們都必須維持某種程度的社會關係，同時懷有許許多多的不滿，絕對沒有辦法獲得完全的滿足，過完一生，這樣的「過程」就是所謂的人生。

換言之，人們不會停留在一個定點上，活著就是充滿人性地一路摸索、尋求更好的人生旅途。思想和價值觀的不同，存在於社會裡，有著各種各樣的矛盾。「想要超越名為患有障礙的人或是高齡者的種種框架，讓所有的人們都處於和平之中，珍視著每個人的自主精神，同時過著如同旅途般的生活。」參照著這樣的想法才是原來「社會福利」根本的意義。那麼作為參與社會福利的支持服務的我們，又能夠做些什麼呢？

這讓我聯想到自建建築的理念——「我們要自己決定自己的生活方式」，將自然融入自己的住宅之中，並由自己來建造。側耳傾聽大自然，聆聽且遵循不論是各種各樣的木樹，或是大地的各式元素所發出的聲音，與夥伴們同心協力建造一座扎根於土地的住家。

建築家重視的是，如何將建造的房屋，盡可能地依照藍圖有效率地完成工期。但是，自建建築的話，一旦遇到問題可以立即改變工序，也更容易改善。了解自己技術的限制，絕不會隨波逐流跟從他人的喜好，能夠完全地遵從自己的意識。全部的風險都由自己承擔，但是同時，也必須遵守不造成他人困擾的這個戒律。

建造的過程是由連續不斷的偶發事件所構成，從好的觀點來看，當脫離想像，處於不完整的狀態之中，卻能轉變成為充滿溫情的作品。如果在建造時一同分擔困苦，大家都會對成品充滿感情，沒有人會以粗暴的方式使用它。而這裡所提及的建築，正是可以拿來比喻人生。

注意不成形的行為：沒有終點的作品

在土之工房有項工作，是將黏土搓圓做成小型的丸子之後，在中間開兩個孔做成鈕扣。其中一位園友很難捉摸，有時會替丸子開孔，有時卻又不會，因此他做的丸子沒有辦法變成商品。所以就讓他把做出來的丸子放進籃子裡，如果累積了很多黏土，要是乾燥變硬的話就沒有辦法再利用，所

泥巴丸子1（土之工房，假屋昇平）

泥巴丸子2

以職員會適時地把它們壓扁弄散，整理之後變回整塊的黏土，作為材料重新再交給他使用，就這樣不停重複過了好幾年。

看著這樣的情況反覆發生，我左思右想「有沒有什麼其他方式呢」，雖然覺得繼續保持現狀也沒什麼不好，但那時抱著「如果可以的話，能夠做成可以賣的商品就更好了」這樣的期待，如果可以做成商品的話，他的母親一定會很開心的說：「已經可以做到這些事了呀，居然成長了這麼多」。

過了數年後的某日，看著在工房裡的他，將搓成圓形粒狀的丸子，只用手指一彈，眼睛看也不用看就可以準確地投進籃子裡，只是隨手一彈，小小的丸子就像是被吸過去一樣進到籃子中，丸子就這樣一個接著一個地不斷累積。當我看到這幕時，腦中閃現「這也太有意思了！」

如果把將近幾萬個泥巴丸子不要壓扁弄散，就這樣一個一個排列在美術館的地面上的話，又會是什麼光景。累計這些行為所花費的時間，彷彿可以看見一個充滿動感且美好的空間。這種感受不同於看到以販賣為目的而製作的商品，有著相同外型的鈕扣或餐具。讓我不禁認為這或許將擴展至藝術的世界。如果是以藝術的觀點來看，就不該只以要完成作品為目標，應該也要將注意力放在創作的行為以及過程之上。

以黏土作為主題，並使用它創造出的環境，依照調整的方式，人們即可以自然而然地走向原本就該前往的方向。雖然「搞不清楚他在想什麼」，園友有時會做出看不出所以然的行為，那是從他內在自然產生的東西，是由強烈反應出執著或是衝動的心理狀態而製造出來的。當我開始以這種觀點來看事情之後，比起從前對眼前的大小事物都更感興趣，同時也變得想更加地了解他們。

他們擅長持續地堆攢、累積和循環反覆，對於物品外觀的領會方式、描繪方式以及塑形能力時常出人意表，擁有獨特的技法。對於這類型的園友們，關於創作物品的方向性和方法，以及構成等等，不能夠給他們直接的建議，只要提供他們材料以及創作的環境，盡可能協助他們依照自己想要的方向去做，這點是十分重要的。

同時，與其要說是製作作品，不如說製作的行為本身，對他們有些人而言有著重要的意義，那是為了滿足欲望所產生的幾近執著的舉動。試著追蹤這些人在工作現場的製作狀況，有時可以感受到他們在行為上或強或弱的能量，那不只是呈現於作品的品質，在製作過程時的想法以及時間都蘊藏其中。我認為創作所留下的作品的形體並不是全部，因此，在最終得到成果之前的那些過程，也是一種「沒有終點的作品」，應該和成果同樣地成為目光焦點。甩開對作品的讚否，在我們默默守護他們的創作行為，看著他們在過程中努力地理解製作方式的態度時，或許同時也能夠讓我們理解他們的想法以及行為，所代表的意義和目的吧。

以前對於作品的評論是針對成果所做的，認為用不著討論關於過程是怎麼樣的。但是，製造者的感情和執著，隨著了解到製作是持續了多麼長的時間，還有他們和我之間價值觀的差異這些事，我開始思索說不定比起作品的成果，製作的目的和過程更為重要。這並不是指要去看輕作品的價值和評價，而是指動作本身就有著藝術性存在的意思。從患有障礙的人的立場來說，不只徒有形體的作品，那個人慣有的動作即是他的生活方式，如同他的表達受到肯定。藉著來自旁人對於他的全部人格的認同，同時也意味著取得了得以自立的環境，無形的物品製作的理念也因此更具意義。

目標就是正常的生活

每天早上一到九點半，園內在播放菖蒲學園的園歌之後，緊接著就會播放收音機體操的音樂。

集合在學園庭院中的園友們和職員，隨著音樂開始零零散散地做著體操，沒有一個人認真的伸展身軀或是屈膝活動，有的人坐在地上動也不動，也有的人只是在閒聊。

聽見有人互相笑鬧著說「手臂盡量向前伸展」，有說有笑地鬧個不停，再看看也有人露出不開心的表情，待在比較遠的陰影處看著人群，今天早晨每一個人各自懷抱著不同心情的面孔又浮現在我的眼前。

看過這個景色的人或許會這麼想：「怎麼會這麼懶懶散散的啊」，「不是應該更認真地做體操嗎？」

菖蒲學園也曾經經歷過「一絲不苟、認真的」教導時代。那個時候要求「筆直的向前對齊」的正確姿勢，甚至連手指頭都要求必須伸得筆直，對於不能夠確實地做收音機體操的人，包含我在內的職員，就會站在他後面親自教導他動作。和我剛到任的時候相比，我們機構真的做了相當多的改變。

偶爾老油條的園友會以深切的口吻說著：「以前真的是好嚴格喔」，譬如說，排隊還要向前對齊，還有早晚各一次的點名。當時因為過分地重視安全性和紀律，所以都會集合全體園友進行人數確認。

那個時候，有個園友到了晚上就一定會想要逃跑。在我還是國高中生時，父母幾乎每週一次都要出門去找從學園裡跑掉的人，我心裡默默的想，真是辛苦的工作啊。一開始在菖蒲學園工作，雖然對那樣嚴格的團體生活紀律和規則感到不自在，但是剛進到學園裡的我，並不具有立刻改變這點的影響力。

那即是受到正常化社會所宣揚的思想——「正常的生活」所影響，同時並無法完全擺脫「只要藉由教導，就一定能讓他們逐漸地進步」的這種想法。所以，仍對他們有著「希望可以過著像我們一樣的生活」這樣的想像，因此有時會嚴厲的教導他們，以前曾經被這樣形容：「輪到伸先生來教學的時候，大家都馬上正襟危坐」。不考慮他們本人真正的想法和興趣，將目標只放在明天要比今天更加進步之上，簡直就像是典型的家長式作風，這樣過了多年之後，在職場上我也成為了別人口中的中堅職員。

那時我的原則是對園友很有耐心，總是用心對待他們。並且為了讓他們可以過著井然有序的正常生活，理所當然對職員的職務內容也有著非常嚴格的要求，實際上當時我對部下的指導也是十分的嚴厲。輪值宿舍的夜班時，職員們都會變得更加的繃緊神經，因為我總會一一核驗他們的行為舉止，尤其是輪到和我一組的人，一定是非常憂鬱的吧，在學園工作很久的職員也說：「不只是連玩笑都不能開，連只是要跟你說話都覺得很害怕」。

在我很嚴厲對人的同時，也會想要試著去改變一些自己覺得不協調的地方。一開始我所做的嘗試是，讓職員們不用再穿著工作用的運動服。我的理由是，運動服到底只是運動時的服裝，並不是在從事與人互動的工作的人該有的裝扮。雖然也和我在唸體育大學的時候，大家總穿著運動服這點，讓我對運動服產生了一點心理障礙有些關聯。而這個提議也只是「因為是園長的兒子說的」，所以就這樣被大家接受了。

在運動服之後接著改變的慣例是用餐方式，大約在三十年前，即便是吃咖哩也不會提供湯匙，大家都用筷子吃。我問負責的人「為什麼？」對方回答：「一半以上的人都是用筷子吃啊，如果提供了湯匙就必須要多洗一倍的東西，那不是自找麻煩嗎」。但是因為我沒辦法忍受那樣的想法，幾乎是以爭吵的方式提出了強烈的不滿。這種處事態度被人討厭也是當然的事，我卻仍舊連這個也不懂，甚至繼續以更加強硬的態度逼迫其他職員。沒有專業知識徒有熱忱和獨特的正義感，現在想想自己真是個非常讓人困擾的傢伙。

只是以「正常的生活」這個想法為出發點，如果職員是使用湯匙用餐的話，應該也要幫他們準備湯匙。想著「該怎麼做才能變得正常呢？如果是我自己的話就會這麼做呀」，將規則一個一個地修改，不再集合所有人來點名，改為讓職員走到四處點人。

接著是改變學園裡播放的鐘聲，以前是用和學校相同的鐘聲「噹—噹—噹—

噹」大約是四十秒的長度。每天生活的環境中都必須要聽這麼長的一串聲音，實在是覺得吵得受不了，便不再用那種鐘聲，取而代之的是聽起來不會令人感到不快的只播放十秒鐘的旋律。如果只播八秒很容易不被注意到，十五秒又太長了。我總是不停地注意著這些小細節。

如果要說什麼的話，我認為比起去做新的嘗試，不如設法去除不必要的規則。把那些脫離正常生活的規定，以及那些我覺得不好的事都去除，這是當我們想要改變原本的做法時，最簡單容易的方式。

對得不到理解的焦躁

想要培養他們擁有和健康的人一樣，足以維生的能力。但我們並不是馬上就全部改成以康復治療為出發的觀點，做到像現在一樣盡可能不去壓抑、限制園友們的行動的照護方式。

曾經接連著十位職員陸續離職。

全部的職員也只有三十人左右，因此那是個相當大的危機。那時的我正在思索，與園友們之間該建立怎麼樣的相處模式等，在確立菖蒲學園應有的方針這些事情上，往往會太過於強硬的要求職員來理解我的想法。不管是懇切地花了好幾個小時，有時甚至徹夜地和他們溝通，即便周圍的人對我說「人的個性是不會變的喔」，但是我覺得「不是啊，如果是我的話一定能改變職員的想法」。

到最後，因為我這樣的態度，導致那十位職員一起離職了。我的本意是為了要讓學園變得更好，所以才會和他們發生爭論，然而事實上卻是不認同和自己不一樣的想法，只不過是不想要讓其他人介入自己的想法之中。那無非是缺乏知識，而且只為了堅信自以為是的想法，才會一味否定對方的行為。因為自己甚至沒有意識到這點，因而無法在重要的場合裡得到職員的贊同，這讓我感到更加的孤獨。

在這段期間裡，又發生了一件必須讓一位園友強制住院治療的事件，也就是強制要求他一定要住進精神病院接受治療。那位園友患有重度的自閉症，到了晚上就會偷偷從宿舍溜出去，跑進附近的住家，有時還會隨地撒尿。而那時負責照顧他的人就是我。

他的行為已超出職員們可以照護的程度，當時是園長的父親，比起我的想法，更傾向於同意讓他接受強制住院治療的職員的看法，因此他就被送去住院了。

之後他再也沒有回到學園，這讓我感到強烈的氣憤，以及無助感與孤立無援。但也不能因為如此，就認為過去的職員不去理解患有障礙的人們，他們或許也是一直煩惱著「所謂照護，究竟要怎麼做才好呢？」也說不定。

會造就這種情況，終歸是我自己並不尊重身為職員的其他人所引起的。還到處大放厥詞說著自己的美學，要求別人尊重患有障礙的人的個性，要求他們在和園友建立信賴關係的同時，還要向對方傾注感情，但卻不認同職員們有著各自不同的個性。那樣對職員實在是讓人心寒。別說要傾注感情，在那之前，不如說早已讓別人在下意識之中產生了敵對的心理了。

說著要去認同、理解每一位園友是很重要的事，但是為什麼對職員卻做不到相同的事情呢？「你那個想法也可行呀」，以前的我說不出這句話，滿腦子只想著要去改變職員們的想法。

「自己的想法或許哪裡錯了也說不定？不，一定沒有錯！」就這樣持續糾結，甚至開始思考自己是不是不能繼續在這裡工作了。

當我在這裡就業正好滿十年的時候，開始負責木工工房，一頭栽進製作原創家具，以「工房菖蒲」生產製造，開始摸索可行的發展性。甚至還認真的思考要不乾脆把這個工作辭了，以木工的身分獨立創業，在那裡和患有障礙的人一起生活。當我和順子談起這個想法時，她也對於手工製作物品有著很強烈的堅持，所以對於我想要成為「製造者」這件事是表示贊成的。

在那愁眉不展的一、兩年之中，為了將來可以獨立創業，我每天四處去探勘適合的地點，或是家具設計。雖然對於未來有著期待，但是仍舊會對於菖蒲學園的繼任者問題感到憂心，當然這件事也無法和雙親商量，因為實際上在我心裡，想要離職的想法較為強烈。

就在這個時期，像是特別被安排好的一般，讓我親眼見到在文章開頭裡介紹過，把木頭鑿成木屑的一郎和將布縫成一團的郁代，他們的那些舉動。

我折服於他們的創作，是那麼的豁達、純潔。相較於他們，我只想著要以製作家具為生計，還一心只想著要設計出能夠賣得出去的商品，自己的度量是多麼的狹小啊，同樣的，順子也有和我相同的感受。果然我們還是想要待在他們的身邊製作物品，是他們讓我們的想法改變了。

因Do菖蒲的開設和菖蒲學園的大改建迎來的變化

一九九九年，由於鹿兒島第一家智能障礙者居家照護日間服務中心「Do菖蒲」的開設，啟動了菖蒲學園全新的發展。

日間服務中心即是，協助在日常生活上會感到不方便的人，提供他們白天的入浴以及用餐服務，還有以休閒活動或是創作活動為目的的機構。

期間會將服務對象以及家人們的意向充分的納入考量，以建立對等的關係為基礎，完全以回應服務對象的需求的態度行事。雖然日間服務中心同樣在菖蒲學園的園區內，但是卻是一個能夠發展出和以往不同的營運方針的空間，也因為如此產生了極大的影響，之後並擴及整體學園。

兩位經驗較少的新手職員以及我的太太順子一共三個人，成為「Do菖蒲」最初的職員，第一批服務對象總共有十五人，其中有不少位自閉症患者。面對生疏的社會福利工作，新手們必須要協助入浴、做飯、餵飯、和監護人保持聯繫等，要包辦所有事項。每位服務對象又有著各自不同的獨特堅持，說好聽點就是每個人都是很自由奔放的。

每天都在忙得暈頭轉向之中度過，和一直以來像是以父母身分照顧，用干預的態度對待，或是使用家長式作風的支持服務手法不同。在這裡是以溫柔教學法的理論為基礎，用心且盡可能的以溫柔並完全包容對方的態度來和他們接觸。

其中許多服務對象的父母都有著很多的煩惱，對於出生就患有障礙的自己孩子，懷抱著感情和苦惱相互糾結之下所產生的人生觀。從和服務對象的家人之間的對話，我學到了許多事情，這段期間所聽聞到的許多經驗談，都成為我的重要財富。

即使那樣，開始日間服務中心的支持服務之後才發現到，住在宿舍的園友已經習慣了團體活動，所以不太需要花太多的精力在生活管理上。相較之下，日間服務中心的服務對象們，因為都是在家裡不受限制自由的生活，所以會無視鐘聲各自自由的活動，每個人都零零散散的行動，雖然本來就知道應付這些狀況也是工作的一環，但是對於職員來說還是相當傷神的。

這時也收到其他的職員批評聲浪：「就是因為缺乏領導力才會變成這樣啊」，我認為要改變當前學園的狀態，就必須要以與現狀正好相反的方式來正面突破。這麼說的意思是，如果沒有人要來使用日間服務中心的服務的話，不就沒有工作做了？為了不要讓職員失業，必須把中心變成一個讓這些服務對象們「想要來」的地方。

再者，如果小孩一直待在家裡的話，父母也沒有其他可以喘息的地方，而對服務對象來說，白天可以出門走走有助於轉換心情，對於情緒的安定也是件必要的事情。更何況可以參加休閒活動和創作活動，說不定還可以意外的發掘自己的才能。因此無論如何，最先考量的就是希望把這裡打造成他們願意來的地方，「就算是來這裡睡覺也可以，做自己喜歡的事也可以」，我就這麼告訴他們了。

不知道是不是因為和他們相處的原則，都是以溫柔而且仔細的方式接觸，一開始很沉穩乖巧的服務對象，不管做什麼我們都不會斥責他們，當這裡對他們而言變成是個充滿樂趣的地方時，對職員惡作劇也同時成為了他們的日常活動。自由的四處走動、突然唱起歌來、也有人跑進職員室裡坐著不走，從一開始就寵著他們、放任他們只做自己喜歡的事，看起來就像是都不工作只在玩耍的樣子。

差不多過了二、三年，我們和服務對象以及家人們之間建立了信賴關係，使用日間服務中心的人增加了，也有了明確的支持服務的方向。菖蒲學園的職員也開始參與日間服務中心的業務，職員們漸漸能夠了解，日間服務中心的職員工作絕對不是在陪著服務對象玩耍而已，同時也了解，在面對服務對象和過著住宿生活的園友，相處方式是多麼的不同。

反倒是對菖蒲學園整體而言，這種與原本不同的作法難道不是必要的嗎？在經過職員們親身體驗感受，將這些經歷運用在我們一直以來的基礎上，就能夠讓我們逐步改變方向，找出一個確立的指標。因為「Do菖蒲」三位創始職員的努力和辛勞，才能夠讓現在的菖蒲學園有所成長，為此我深表感謝。

＊　＊　＊

菖蒲學園歷經第二次的大改變，是發生在二〇〇六年，正是障礙者自立支援法施行的那一年，也是園友所住的宿舍，睽違三十三年進行全新改造的大改建時期。

首先，擔任主導改建建築設計的是出身於美國威斯康辛州，一九九三年移居到屋久島的木藝工作者威廉・布勞瓦先生（William Brouwer）。菖蒲學園的新建築，整體設計是以「跳脫障礙者機構常有的氛圍」為主軸，依據威廉所提出的下述內容為基本設計理念：

「對我而言，菖蒲學園是一個令人愉快、感到舒適、充滿創造力，並且使人感到興奮的社區。在設計新的核心校園的時候，我試著讓我的設計能夠足以搭配菖蒲學園的這些性格。具體來說，指的就是具有充足的自然光、美麗的風景、便利以及使用起來會感到有趣的東西，並且能夠引導大家感到開心愉快的機能。重要的是，在戶外特別創造出可以聚集也可以享有隱私的空間，必須要先了解園友們的需求為何。同時考量對於工作人員來說便利的布局，我最重視的是，這裡對園友來說必須是非常舒適的，再來是能夠引起他們的興趣，因為就結果來看，讓這個地方運作的人就是他們。」

其次是關於障礙者自立支援法，這個法案是基於期望障礙者不是在封閉空間的機構中生活，而是在區域的團體家屋（Group Home）中生活，並且透過就業達到得以自立生活的理念，由服務對象選擇接受的服務或是使用的機構，同時也是為了支持以他們自身為主體的生活方式所訂立的法律。

或許因為導入了全新的法律，職員的心情也以此為契機在無形之中重新歸零，因此我藉機同時著手在軟體方面的改革。

我導入了人事管理制度，取消年功序列的給薪體系。將工作內容指標化，依此為基準來決定工作的等級，變更制度，並制設若升為主管職的話就會給予相符的薪資。雖然只是導入一般企業所謂的目標管理和人才培育制度的機制，但對於福利機構來說，我們是比較早引進這些制度的。

機構建築物這個硬體的運作管理即稱設施管理（Facility Management）。建築物若是變得老舊，它原本所具備的功能也會漸漸地失去，此外如果使用的人或價值觀改變的話，使用上也會變得不好用。要讓建築物維持在良好狀態的話，若是變得老舊就要維修，若有不足則要增加，若太多則要縮減，時時修正是必要的。因為是重要的事物，所以對它有著特別的感情，慎重的修改維護，就能夠使用很長的時間，不只是單純地去建造出一個空間，而是要一邊觀察狀態，和它一起共同的完成這個空間。

而社會福利服務則是軟體，其中包含人事管理等服務內容，如果不時時維護也會隨著時間衰敗腐壞。我們對於從事工作的人和工作系統的「維護」方式，就是讓大家能夠在好的狀態之下順利進行工作。

因此我注意到，新建的學園必須要適合使用的人和周遭環境，也開始鼓勵職員「穿著能展現自己個性的服裝好好地打扮。要穿著合宜的服裝展現對他人的禮儀，首先就必須把自己打扮得美麗好看」。

因為障礙者自立支援法而改變的制度還有，政府增加了補助金的發放。我們申請了補助，在二〇〇七年於園內開設了一間名為「otafuku」的餐廳。接著在隔年，將以前的宿舍改建成為社區交流空間，之後更將園內的畫廊改裝成蕎麥麵店「凡太」，並開始對外營業。

社會福利事業的重大變革，正好和學園改建的那段時間重疊，這也為菖蒲學園帶來了更大的變化。就如同由法律的制定所見，以厚生勞動省為首提出「使用者主體」這個概念。

另一方面，因為制度的變更造成機構之間的競爭，如果不是服務好的機構就會被淘汰。今後不再是管理而是經營的時代了，顧問諮詢的概念也引進社會福利事業裡了。稱呼服務對象時也不能「直呼其名」，用字遣詞都必須要注意，必須要以客氣禮貌的待人方式相對，以家人或是朋友那樣的關係相處成為了禁忌，時時刻刻都要維持雙方是提供服務者和服務對象之間的關係，因為是以使用服務的客人身分簽約，再依約進行支持服務和照護。因此接受了以服務業的方式從事社會福利事業的指導——雖然我誠心的接受，試著用那種方式去做，但還是對有些作法沒辦法感到認同。

如同之前提過的，認識很久的園友們和時常往來的人們都會叫我「小伸」，被這樣叫著，就好像他們認為我是朋友一樣，讓我感到很高興。因為這使我覺得他們能夠看見身為人的我，這一切都與社會地位那些外在條件無關，和人的外表與背景都沒有關係。我很佩服他們的感性以及判斷力，能夠直接的「只看這個人」。因此我開始思考，他們對於這種服務業性質的相處模式不知道是怎麼想的。這裡最大的問題就是出在於，關於這個議題，沒有任何一個人徵詢過他們的意見。

障礙與自由

我總是對用「障礙者」這個廣義概括的集合名詞來描述他們感到疑問，時常思索關於自由與權利的議題。會經常這麼想的原因，現在回想起來，是受到我在大學時參加了橄欖球隊，以及在美國生活的那段日子的影響。

大學參加社團的橄欖球隊時，比起個人的主張，要以團隊的決定為優先，為了逃離那樣的團體生活，就像前面提到的，我可以說是為了追尋自由而前往了美國，但是卻沒有辦法用語言適切的表達自己，無法傳遞自己真正的想法。雖然身處自由的國度卻沒辦法以自我的意志行為處事，讓我一直感到不自由，處於不穩定且不成熟的精神狀況，但卻擁有高度的行動力，兩者之間產生了不平衡的心理，讓我不停地在自由和不自由之間拉扯。

因為那個時候不安感的記憶，讓我和菖蒲學園的園友以及服務對象之間有了共嗚。他們只是因為患有障礙，就總是被要求「去做那個」、「不能那樣」，在他們的一天之中，究竟多少時間是由自己的意志而行動的呢。就像我在美國時體驗過的那種無法表達自我的孤獨感，說不定他們也會因為無法傳達，而感到煩躁鬱悶。如果真的是這樣的話，有時能夠出現可以理解自己需要的人的話，一定會覺得非常開心吧。若是我們這些職員可以變成那樣的存在，就不能還是用以往「讓他們變得正常」的想法行事，那很明顯是行不通的了。

為了要能夠正常的生活，就要專注在追求讓他們和我們有著同樣的思考方式，以及同樣的生活方式，到最後又會反覆思考「正常到底是什麼呢？」這個問題，漸漸的自己原有的想法開始一點一點地崩塌。

舉例來說，有個人吃飯時不是飯和菜搭配著吃，總是將菜一道道依序吃完。以前如果有人是這種吃法，就會教他「飯和菜要好好搭配著吃」，因為我認為這才是普通的做法，因此當他把吃飯的習慣改過來，我就會誇獎他「做得很棒」。教導的人認為當行為漸漸接近正常的話，就是成長和進步的象徵，但是那只是我們自說自話之下所深信的正常，導致他們沒有辦法以自己喜歡的方式用餐。

逐漸地，在反覆教導之下，他們變成會飯菜搭配著一起吃了，說不定他們是將被誇獎、不再被糾正，優先於保有自己原本的生活方式，對於沒有發現到這點的我，感到十分懊悔。

重要的是，要相信他們擁有自我決定（Self-determination theory）的能力，將那些潛在他們身上的可能性激發出來。不論是患有多麼嚴重的障礙，藉著不同的支持援助，願意去相信他們是有能力依照各自的自我判斷做決定的，越是患有重度的障礙，他們的自我決定能力越顯貧乏，所以和他們相處的職員這一方的態度就越顯重要。更因為如此，提供支持服務的人，必須要依照每一個服務對象的差異，以個別的方式敦促他們，讓他們處於更適合做到自我決定的狀態，或是想方設法讓他們能夠自己去做判斷。

改變以往做法的基準十分單純，只是讓他們「做喜歡做的事，不想做的事就不要去做」，以這樣一貫的態度應對。

政府以及社會福利機構都將服務對象貼上障礙者的標籤，然而，如同我在序裡所介紹的一樣，菖蒲學園的服務對象之中，若問他「你是患有障礙的人嗎？」有些人會回答「不是喔」。

對我們而言，是以讓他們在生活上不會感到缺乏或不方便作為出發點，來從事支持服務的。但是，追根究柢，當事人根本就不認為自己是障礙者，如過是那樣的話，說不定他們並不會感到我們所認為的缺乏或是不安。關於像這樣在認知上所產生的落差，如果從事支持服務的一方不能察覺，甚至還稱讚他們「即使是障礙者也很努力啊」或是討論著「障礙者的權利為何」，這是何等怪異的事情啊。

當遇到智能障礙者對本身患有的障礙沒有自覺的狀況，我們到底應不應該稱他們為障礙者呢？如同我在序裡所述，在他們之中有許多人都認為「自己是普通的」，但是我們卻拿他們和健康的人比較，把他們「做不到」的這件事視為「次等的」，將我們所認為的正確的生活方式、人生規劃當作基準，還想邀請他們進入自己的框架裡。那樣就像單方面的將他們視為障礙者並加以區別，對於當事人來說，是真的有需要接受支持服務的嗎？還是真的感到很困擾嗎？我之前沒有確認過他們的內心是怎麼想的，就以協助的身分和他們相處。

在學習社會福利的支持照顧技術，必須要了解從事支持服務的人的心理，「去理解和同理對方」是很重要的，但是那卻是因為打從一開始存在著「他們是障礙者、他們不是障礙者」這樣認知上的差異，產生很大的隔閡而無法消除。這不就代表著並沒有真正的注視著他們嗎？當我開始意識到那樣的想法之後，不論是建築物也好，人事制度也好，還有支持服務的方案，全部都做了調整，然後我的想法也接二連三地產生了變化。

中庭的風景

一旦肯定衝動的行為，就能築起正向的關係

那是在菖蒲學園工作了幾年之後，有一天值夜班時發生的事。

我發現有一位男性的園友，從宿舍的窗戶跑到了外面，我正想著是發生了什麼事，結果看到他偷偷地跑進了女生宿舍的房間裡，這是我在學園裡工作第一次直接遇到關於性方面的問題。

「如果懷了孩子該怎麼辦才好？」或是「這份戀愛的感情是有多認真的呢？」我滿腦子想著這些問題，過了一會兒漸漸開始想：「在我們機構裡發生這樣的事情，該怎麼和園友的家人說明才好呢」、「住宿式服務機構發生這樣的事情，怎麼可能會被容許呢」，因此一到隔天早上便交代職員「晚間請開始巡邏，注意不要讓園友從房間的窗戶跑到外面」，一直對大家耳提面命。

過了幾天，我正好約了朋友碰面，「最近發生了一件事啊」，和他聊起了這

個話題，聊到了園友之間發生了性愛關係，還以為他會對我說「真是件嚴重的大事啊」，沒想到他說「這是當然的吧！」好像一點也不意外的輕輕地回了這一句話。

「你說雙方都是成年人了吧？因為互相喜歡才做愛不是很好嗎，世界上一堆人也不是因為互相喜歡還不是在做，這不是件非常純情的事嗎」。從事與社會福利服務無關工作的那名朋友，那句「這是當然的」讓我恍然大悟。障礙者也好，健全的人也罷，都必須讓他們過著同樣的生活才行，那才是正常的情況，必須要讓社會的價值觀也是這樣的才對，我明明是這麼認為的啊。但是儘管如此，我對那位園友的行為，卻是毫不猶豫的以「不好好糾正他不行」這個態度來對應。

回想起來，園友以「正常」為目標，卻在學園裡生活這件事，以世間普遍的角度來看，早已超出正常的範圍了。洗完澡出來還是換上外出服，等到睡前才會在房間裡穿上睡衣，這是因為他們被規定，不能穿著睡衣在宿舍裡面四處走動。如果是在一般家庭裡，因為想要輕鬆自在一些，所以洗完澡就會換上睡衣的吧，連我自己在家裡也是這樣做的，即便是如此，我不由得開始思考，為什麼在宿舍不遵守特別的紀律，就不能過著安心的生活呢？

有一位患有自閉症的園友有一個習慣，會不由自主的將不論是床單、內衣、襪子、毛巾的任何布料撕破，並把紗線抽出來，他的這種行為在生活中持續不斷，也造成了許多困擾，不得不設法讓他停止這樣行為。令人煩惱的是，雖然盡力去制止這種行為，但並沒有辦法平息他想這麼做的衝動。

布藝工房裡散落四處的布塊，還有木工工房裡將木塊鑿成木屑的人，一直縈繞於我的腦海之中，讓我不停思索，除了制止之外還有沒有其他的方法。雖然這麼想，如果只是類似工房的狀況，只要容許他們縫過頭或是雕鑿過頭那還好說，但他的情況卻是，連日常生活中所必需的衣服等都會不由分說的破壞。

這個部分讓我感到矛盾，在製作物品的地方，卻從事不以商品或是成品為目的的非生產性行為，已經一點一點的逐漸被接受，但為什麼像他這樣在生活上的行為，反而沒有辦法同樣受到肯定呢？房間裡到處都是線頭，或是床單變得沒辦法用了，只看表面上所發生的事的話，確實會認為應該要依照紀律來禁止這樣的行為。

但是，我突然想到，這或許是因為我們對於他們的價值觀，「到底在想什麼」、「感受到了什麼」的同理心尚為不足。

如果把紗線抽出來的行為，並不是因為想要去破壞物品，試想那是從那個人體內爆發出來的積極衝動，從這個觀點來看的話，如果這樣的行為可以讓他感到滿足，那麼對他而言，這就是一個非常重要的行為模式，是我們必須改變思考方向。會這麼想的另一個原因是，他在將紗線抽出來之後，還會把線綁在一起，一直都是這樣的一個規律模式，甚至時常會犧牲睡眠時間來做這件事。如果是這樣，試著讓他在工作坊主動的做抽紗的話又會如何呢？阻止了他這麼多年，總是對他說不能把布料撕破，我卻改變了原本的想法，在這一夜之間我想通了，布料就算撕破了也無妨。

那是因為我發現，從我們的觀點來看，僅僅是「撕破」沒有其他意義，只是一種非社會性的行為，但是對他而言卻是一件很重要的收集纖維的工作。在他工作的這段時間裡可以盡情的抽紗，如此一來他也很少會去撕毀內衣或是床單等等身邊的布料了。

只要像這樣轉換思考方式，既能讓他做到想做的事，我們也不用再耗費心力去阻止他，和他之間的關係也變得非常正向。到最後他將布裁成小塊，並開始用線把它們縫在一起，之後他又將自己做出來為數眾多的布塊串排在地上。他的這些被說是非社會性的行為，就在不知不覺之間被稱之為藝術了。像這樣能夠造成價值觀的轉變，果然是因為他製作出了物品的功勞。這就好像是將民俗手工藝的思考方式和社會福利做了結合，只要將材料和環境整備好，這麼一來對方就會坦率的表現出來，像他一樣把紗線抽出來再將之綁在一起，這也是在製作物品。

一旦改變了看事物的角度，我對值夜班那晚所發生的事情的處理方式，也自然而然地隨之變化了。

我說服並得到了兩人雙親的認可，本來必須要偷偷溜出宿舍才能見面的他們，幾年之後結婚了，並住進學園旁的團體家屋開始了同居生活。

試著將他們的思考邏輯融入自己的腦中

連自己都一定做不到，卻要求別人「必須要過著規律的生活才行」，我們很難脫離這樣的思考邏輯。那麼，所謂「規律」，到底是以什麼為基準來說的呢？即使我開始抱持著懷疑的態度來思考，但是如果說，要以所謂自由的態度在機構裡生活，仍然會讓人覺得有所局限。這是我正好四十歲那年所感受到的事情。

拋開規則，我的價值觀是對自由保持肯定的態度，當這樣的感情開始融入工作之中，動搖我的是因為以工房為首，學園裡隨處可見、時常會發生一些讓我覺得「這個好有趣」的事件。雖然這麼說，但是在這之前，即使是發生了同樣的事情，我卻一點都不覺得那是「有趣」的事。關於園友的行為「還有那種觀點啊、是在那種價值觀之下而產生的行為啊」，隨著驚訝，我發現原本我看事物的觀點也漸漸地起了變化。

舉例來說，在布藝工房，會把已經縫上刺繡的布交給職員們做成包包。負責刺繡的園友應該知道這個刺繡會再被做成包包，但是當我刻意問「你在做什麼呢？」對方會回答「刺繡啊」。或許是因為他們對於包包這樣的商品並不感興趣，並且他的工作在刺繡完成的時候就結束了，對他而言只有刺繡，沒有其他之後的程序了。只喜歡刺繡這個行為，對於可以做出包包這件事一點也不期待，完全不在意。我們總是追求著可以達到最終目的，是「因為什麼目的」而做，並不單純的只是在刺繡，我和他對於行為目的的看法，存在著非常大的隔閡。

或者，對剛買了新手錶的人問「現在幾點？」對方會把手錶直接送到你的眼前讓你看，看了手錶之後就已經知道了時間，可以只對對方說聲「謝謝」來結束這段對話。但是，如果你不知道怎麼看時鐘的話呢？這麼一來，就必須再問一次「幾點？」對方如果回答「我也看不懂啊」，那為什麼要戴著手錶呢？我開始了一連串的妄想。就像那樣，我發現了對他而言，手錶是為了讓別人看的東西、是為了給別人看而存在的東西。但是一般來說並不會因為這種理由買手錶的，要是自己看不懂時鐘的話，不會覺得根本就不需要手錶嗎？甚者會因此產生想要學會看時鐘的想法吧。但是他的想法不屬於這兩種。仔細聆聽他所說的話，再由他所做的行為產生的結果來揣測他的想法，我們就可以感受到以前不曾看見的寬廣世界，那是一種直接到讓人覺得帥氣的想法。

「這個會做成什麼呢？」這麼問的話，對方會回答「刺繡啊」，若是更正他的回答說道：「啊，不是喔。是要做成包包呀，等到包包做好，就可以拿去賣了喔」說著和當事人無關的動機，而是想讓他們理解我們的目的，而進行了一連串的說明，即使如此只會變成非常表面的一段對話。但是，幾乎所有社會福利相關的就業支援方針，都是以這樣的應答方式作為準則，比起我們所看見的世界，對方明明可以看得更遠、更廣，我們卻沒有發現這點。

在我的看法之中，健康的人的世界，其實是非常狹小的，因此，過去我將正常視為目標，那就只能夠在有限的印痕作用之下接受教育，以及在可見的範圍裡行動，並以這些為基準作出結論。

因為我們的行為必定包含著背後的意涵，所以從我們的觀點來看「為什麼會做出那樣的事情呢」，對於不具有任何企圖的行為會讓我們感到疑惑。我們必須要了解到語言是比身體更誠實的。總而言之，想要禁止他們的行為時，得要先將他們的思考邏輯融入腦中，盡力地以他們的思考方式思索，這是必須要做的事。若只是嘗試著去做的話，或許還是無法完全理解他們的邏輯，但從小地方開始一點點地去想像，就漸漸地能夠做到了。

以前有一位男性服務對象，看到了一棵大樹上僅剩的一片枯葉，就一心只想著爬上那棵樹去摘下那片葉子。職員因為擔心他不小心摔下來會受傷，就制止他不讓他爬樹，但是他不停掙脫職員的阻攔，仍要去摘葉子。我看到了那個情況，便搬了梯子過來，把枯葉摘了下來。他看著我把葉子摘下之後，便安靜地離開那裡不再激動。我猜想他是因為那唯一一片不同顏色的葉子讓他感到不安，所以才會有那樣的反應吧。

我一直努力的想要更貼近他們的想法，也因為如此漸漸的能夠猜測他們行為背後的動機了。

因為藝術，人們能夠變得溫柔

就像是把布料扯破一樣，在日常生活中被否定的那些支離破碎的東西，如果換成是在藝術的世界裡，就會變成被稱讚「真不錯欸！」的作品和行為。在成為藝術領域的那個瞬間，周圍的反應也跟著瞬間改變，這點讓我感到意味深長。只因為這樣就會有如此不同的結果，因此藝術這個概念，對我來說變成十分有用且便利的、無法用言語說明的行為。如果只被當作不能理解的事情就不去深究，但以藝術的方式來表現，就能夠得到別人的接受和理解。人的思考方式會因為狀況不同而產生不同的結論，思考的框架也會有所改變，這麼一來，原本否定的態度也會變成正好相反的肯定。

自一九九〇年代中旬開始，在菖蒲學園裡也有了藝廊空間，可規劃展覽或是舉辦藝術祭等活動，但是大眾對於園友的行為或是作品，還不能夠確實的理解，只是

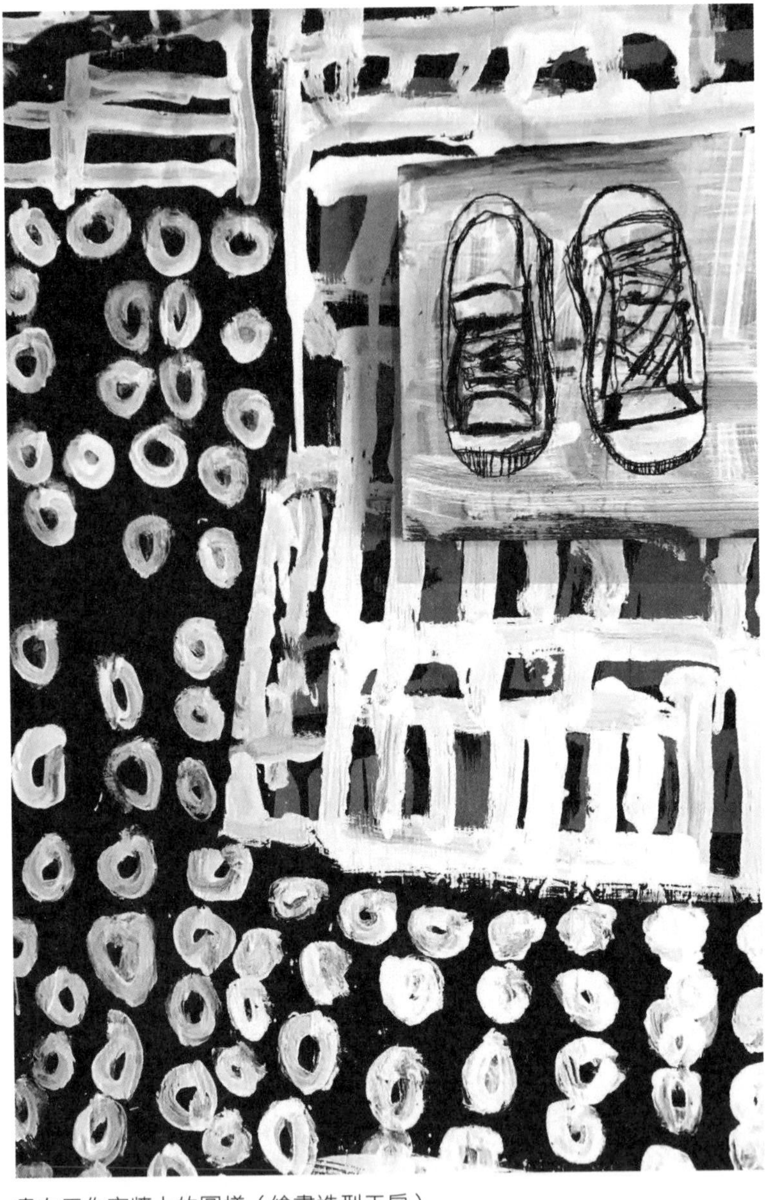

畫在工作室牆上的圖樣（繪畫造型工房）

以曖昧且表面的詞句「真精彩」、「純潔的力量」、「能夠震撼靈魂」或是「創造的世界」來形容他們的作品。

那個時候，對於園友的作品以及行為，我們認為都是他們豐沛的創造力之下的產物，但是，仔細觀察園友的行為模式就可以發現，那只是我們這一方武斷的想法。他們大多數並不會以什麼特別的方式表達，只是以平常心在過每一天，而作品也只不過代表著他們日常生活的其中一個表象而已。也就是說，並不是以製作出作品為目的才創作的，而且當事人也不認為自己的作品是藝術品，更不是為了得到讚美才創作的，並不追求社會上的讚揚，甚至連藝術是什麼都不知道，追根究柢，說不定藝術本來就不是什麼人能夠解釋說明清楚的東西。

對於完全處在只有自己的世界裡的他們，是否受到外界的讚美，對他們來說完全不具有任何意義。即便如此，我還是覺得他們所做的作品以藝術的形式受到各界的青睞，這樣的結果是件好事。要說理由的話，就是因為藉由這些作品，有機會讓大眾能夠正確的認識他們，並進一步能夠恭敬有禮的對待他們。

另外，在作品受到讚揚之後，負責照護的職員們也受到了很大的影響。將布塊裱裝舉辦個展，並使用藝廊空間企劃群展，之前對大家來說是毫無意義的東西和行為，卻隨著辦展而漸漸地變得越來越重要。這超越了我們原有的價值觀，當我們了解到他們的行為所訴說的故事裡，包含著寬廣的世界，這確實讓我們對他們改觀了。如果將這個變化的定理套用至照護上，原本被視為「問題行動」的狀況，也因為開始思考這說不定是藝術，而讓大家開始覺得「這種生活方式說不定其實也是可行的？」隨著意識到這種想法的職員一個個漸漸地增加，也逐漸地影響從來不曾這麼想的人。開始培養出「那個人畫的圖很棒喔」、「那個人大叫的聲音真好聽」這種欣賞事物的眼光，職員們嶄新的感性也開始萌芽，自然而然的對自己所照護的對象們產生了敬意。

在和他們相處時，變得更溫柔，在從事支持服務的時候，也能夠更加貼近他們的需求，被溫柔對待的一方也會因此漸漸地感到「這個人或許是認同我的啊」，雙方的關係自然而然的變得正向。這在我們一般社會上也是相同的，欣賞他們的作品，發覺他們潛在的社交性，以及透過他們展現出我們看不到的世界，從中獲得勇氣，甚至能夠挑起我們自己的創造力。得到那樣多的回饋，這就是既自由又有著無限可能的藝術的存在意義。

藝術並不會是獨自存在的，藝術是存在於作品和觀者的感性當中。也就是說，藝術是存在兩者「之間」，只單就作品本身並不構成藝術，在欣賞作品時能有所感受的，除了人類之外，沒有別的動物可以做到這點，如果只有作品存在的話，也沒有辦法傳達任何的情感或概念，這或許可以稱為是一種隱含的溝通方式，就因為有能夠接收到其中意涵的人，藝術才存在於這個世上。

「一過了五十歲就沒有人要理我了」

將他們製作的物品定位為藝術品是從一九九〇年代後期開始的，當時擔任園長的父親雖然曾這麼說：「這又沒辦法產生營收，有什麼理由要這麼做」，但卻還是支持我所提出的意見，換言之父親曾是我的靠山。他的口頭禪是「得到五十分就夠了，那就已經接近滿分了」，還有在喝醉的時候會爬到桌子上模仿指揮家比劃著，並且一定會說「我的背號是0號呀」，這句話的意思是，他自己是不需要自尊心的。這樣的父親，即便是對於他認為有些行為不適當的職員，卻沒有辦法直接要求對方改進，關於這個部分，那時的我總是認為，身為一名經營者的他不怎麼可靠。

這樣的父親倒下了，因為必須要在家療養，所以退出了第一線。取而代之，我在四十三歲時成為了園長，成為必須要承擔所有責任的一方。在那個瞬間，對於這個世界我突然感到害怕，感覺身邊的視線變得尖銳，突然開始在意起別人對於自己行為舉止的看法。當自己一旦必須要負起所有的責任時，自己的想法就開始動搖了起來，「這樣真的可以嗎」總是這麼想著，深刻地感受到在社會上所要負的責任，如此沉重的壓力。

在活到那個年紀之前，我一直認為煩惱都是可以解決的事情，從沒想過煩惱也是會卡在心中的事情。自己究竟是多麼的樂天又強勢的活到現在，而且自己的想法也沒有辦法輕易的被職員們所理解，事情都不如自己想像中的那樣順利，每天就這樣嘆著氣，生自己的悶氣，這樣的日子持續了好一陣子。不被理解是理所當然的，那時職員們不像現在願意敞開心房和我溝通想法，他們甚至很少會主動來和我搭話。

我再次體認到「不要去改變他人，而是要去貼近他們的想法」這是件多麼困難的事情。甚至覺得經營管理和理想要做到一致，幾乎是不可能的事。該不會自己的想法才是有問題的吧？在這樣的時期裡我看著園友真誠的作品，總是讓我能夠感到放鬆安心，因為我每天的心情都是忐忑不安的，說不定這種情況之下所消耗的能量也是相當的可觀。

雖然事情進行得不順利，但是對於「患有障礙的人們是很多元化的」這點，已大多被接受，職員們也知道接下來的方針會往這個方向進行。同樣身為人，如果我也肯定職員的多元化，那不也是很好的事嗎？以這樣的思考方式來看，而不是去改變和自己不同價值觀的職員想法，「你那個想法也是可行的呀」，應該要這麼說不是嗎？要由自己走向對方，傾聽對方想法的態度是必要的，我總算發現了這件事。

就在我這麼想的時候，一位男性的服務對象來和我搭話。

「我和伸是同年對吧。你有吉他嗎？」他說話的特徵就是跳躍式且毫不相關的內容，「島津家的當主和西鄉大人誰比較厲害呢？說不定是芬達樂器的吉他也說不定呀。今天啊，公車司機都沒給我好臉色看。」

「這樣啊。那個公車司機怎麼對你了？」

「不是啦，是在說芬達樂器。」

「啊啊，對啊是在說那個。」

「我們年紀一樣大對吧。我還是四十幾歲的時候，不管什麼人，大家都會和我講話，但是一過了五十歲就沒有人要理我了喔。所以啊，變得好輕鬆自在喔。」

聽到了他的話，「就是這個！」讓我靈光一閃。雖然是完全抓不到脈絡的對話，但是他那句「一過了五十歲就沒有人要理我了」的發言就像是對我當頭棒喝，「原來我一直都在意著周圍的反應，別人並沒有像我想的那樣一直在關注著我，所以我只要相信自己的想法，這樣就夠了」，我得到了這個結論。

不像我，與他相同想法的服務對象為數不少，他們一點都不在意其他人，也就是說，他們並不會受到別人影響，能夠保有獨立的自我。相較之下，我本以為自己一直以來都是十分自我、恣意的活到現在，但事實上卻十分在意他人，時時受到他人的影響，或是想要去影響別人，反而因此控制了自己的行動。那是因為我接受了被其他人操控的事實，實際上一直以來，我們就是活在操控以及被操控的關係之中，因此我才會想要把職員們也放進我自己的價值觀框架之中，說不出「你那個想法也是可行的呀」這句話。

沒有辦法去認同和自己不同的價值觀，或許是因為太過在乎別人也說不定呢。因為總是觀察著別人的臉色，如果對方露出不認同自己的表情，就會感到不安、覺得害怕。但是有了這句「一過了五十歲就沒有人要理我了喔」，幾乎所有的事情都可以被允許了吧。只要覺得「可行」，可以接受的範圍就能夠更加擴大。

只要能夠開始這麼想的話，「我們人類到底應該抱持著怎麼樣的志向活著呢？」成了一個思考議題，而菖蒲學園的主軸，就逐步的脫離「障礙」這個議題了。

Chapter 2

做不到的事
不去做也沒關係

雨天裡發生的兩件事

我對一位男性園友說「可以請你去幫花澆水嗎」，我這樣拜託之後，他每天都會去澆花，即便是下雨天，他也一如往常的去替花澆水。

「哎呀，你今天也幫花澆水了啊」說著和他搭話，他答道「因為是園長要我幫忙澆花的啊。」我不由自主說了「你啊，真是個好傢伙呢」，現在的福利機構裡是不能說出「傢伙」這樣的用語的。

即使是這樣，自從我拜託他之後的每一天，他那彷彿從來都不曾懷疑過的純真行動，若不是用稍微粗魯的用詞，就不足以表達我當時的情緒。

當然不是說只要用粗魯的說話方式，和對方的關係就能變得親近，只是我單純的不想讓不由自主說出的話語背後的這個心情就那樣消失。

在這樣下雨天裡還特地去替花澆水，在一般人的眼中是一件「很奇怪」的事，但是對我而言，這絕對不是奇怪的事，反而是一件太過純真又美麗的事情。只要不對其他人的利益造成危害的話，我們應該要對於他們大部分的行為採取肯定正向的態度。在看到他每天不間斷地替花澆水這樣的行為之後，我更加這麼認為，自己一直以來所學的都是以「社會適應力的支持照護」為出發點，如果是從這個觀點來思考的話，下了雨就不用澆花。我們必須要教會他們，依據所遇到的情況去做應對變化，提升他們社會化的能力，對他們而言才是好的、也是正確的事。如果不學會這點，他們就不會懂得其中最為重要的社交能力，也就無法讓他們學到在社會上生存所必須的能力。

受到外來影響的流行和體面，這些抽象概念都讓我感到不自在，但同時我自己也十分的清楚，不用在意世上的我，只不過是在耍任性且恃寵而驕。想要保有真正自己的同時，又要維持一定的社交力是十分困難的，如果不說謊的話，就沒有辦法在社會上順利生存下去。我對這點感到十分矛盾，不論怎麼辯解還是覺得後悔，這讓我陷入了強烈的自我厭惡感之中。

他們又是怎麼想的呢？

菖蒲學園裡有位總是想要脫光衣服的園友，如果在大街上全裸到處走的話，馬上就會被警察抓走。因爲如此，我們必須教他遵守社會上的規矩，他要學會必須依照社會中的規範，在公眾的場合是不可以全裸的，如果要以能力的發展以及一般所說的，在社會上能夠自立生活作為目標來看，會認為他們必須學會這點是當然的。但是每個人的內心都藏有各自不同的想法，並且大家都是懷著不同的想法活著。

想法不受一般常識規範的人，面對不適合自己的社會規則，說不定甚至必須抱持著恐懼的陰影生存在這個社會之中。舉個極端的例子，如果菖蒲學園和亞馬遜雨林深處的原住民部落一樣，裸身生活才是一般普遍的社會規範的話，那位園友喜歡脫光衣服的行為就沒有任何的問題，在那樣的社區裡面裸身可以說才是符合人性的舉動。

如果在學園裡面創造出另一個社會的話，又會變成怎麼樣呢？在學園裡，沒有需要遵守的交通號誌，大多數的服務對象也不使用電腦，也不識字，也不是很了解金錢的意義。在現代生活上所需要的知識，在學園裡就顯得並不是那麼的重要。如果是這樣，只要替他們準備好「不需要努力學會知識就能夠生活的環境」，應該就能讓他們依照自己想要的方式，舒適的生活。

再說到創作活動，可能是手畫出來的塗鴉很有意思、或是下意識捏的黏土做出了很新奇的造型，就是指在各種嘗試之中，發現到能夠將創作者的身心融入其中的事物。也就是說，並不是以美學藝術的觀點來發掘出那個人的才能，而是創作者的心情，是否能感到平靜是最重要的。

另外，即使對勞作很感興趣，但是卻不喜歡和多人共處的話，我們就替他準備個別的空間工作。有的人因為討厭聽到吵雜聲甚至一直摀著耳朵，但卻也有因為沒有聽到吵雜聲而感到不安的人；還有的人因為想遮蓋過外界人聲或是所有動靜的聲音，而戴著耳機一直聽著自己播放的嘩聲，可以說是人各不同。進入社會適應力的範圍裡的話，就不得不消除掉這些，但是在這裡，我們想要包容大家各自原本的樣貌，好的照護服務並不是要體現代表社會的職員們的意志，而是致力於面對每一個人當下的每一種行為，並給予尊重。

如此一來，社會福利機構所引頸期盼的重返社會、康復機能，究竟是否還能夠發揮功效？社會上也聽得到這樣不同意見的聲音。

但是希望大家可以想起我之前說到的小插曲：當問我們的服務對象「你覺得自己是障礙者嗎？」的時候，大多會得到「不是喔」這樣的答案。他們是不是原本就不認為自己需要接受所謂的復健？既然如此，為什麼社會福利機構卻不停的想要敦促他們融入社會之中。回到之前的想法，他們究竟想要在什麼樣的環境中生活呢？有時我會推想，不論他們想要的生活是怎樣的，至少期待要生活在這麼艱困的社會裡的人一定很少。

還有發生過另一件和雨天相關，也是很具象徵意義的事情。

有一位園友，他每天都一定要走同樣的一條路往返工坊和宿舍，遇到雨天的話，因為要走到那條路必須要繞一大圈，所以每次衣服都會淋濕。一般來說如果被雨淋濕了，多少都會覺得有點淒慘，理論上告訴他一條捷徑會比較好，這不僅僅因為是職員應該做的事，也是一種展現溫柔的方式。

但是我所想的，和一般常識上的想法不同。我認為他是因為想要走那條路才走的，即便是必須要淋雨，他也不會因為被雨淋濕就不想走那條路。

如果是因為如此，那麼我們就不應該想著要改變他的行為，而是要去幫助他每天都可以走著那一條路往返，這麼一來他必定也會感到很開心的。如果是擔心他被雨淋濕，只要撐著傘和他一起走就好了，這不就是對於那個人而言適切的照護嗎？至少對於當事人來說，我們支持服務的內容和他所期望的目的是一致的，這種方式一定比原來單向的支持服務來得更好吧。

對於改變、進步、發展幾乎是不感興趣，比起挑戰新事物，不如重複做著例行公事來得令他們感到安心以及自在舒適，這麼做還能讓他們內心得到平靜。如果這樣能夠讓那個當下的他們感到幸福的話，我就會守護著這個現狀，這就是我的思考方式。和認為時常接受新的挑戰是一件好事的我們不同，或許他們所選擇的道路，才是連接著真正的幸福吧。

可以選擇的事和猶豫不決的事

我們和園友兩個月會有一次一起外出用餐，「我們要去吃什麼？」只要這麼問，他們一定二話不說地回答「拉麵！」並且一定都是豚骨拉麵這個答案，從來沒變過。我曾經在演講時提起這件趣事，有人聽了這麼問道：「他們會這樣回答是不是因為除了豚骨拉麵之外，並不知道其他的口味，如果有機會吃過了醬油拉麵或是其他的食物，一下子選項就變得很多元，這麼一來，他們的自由幅度不就又能夠變得更廣了嗎？」會產生那樣的疑問，是因為覺得他們或許也會想要像一般的觀念一樣，追求著複雜並且充滿多元化的自由（選項），譬如菜單上增加了豚骨拉麵以外的餐點，可能就會有人點醬油拉麵吧，如果聽到他們吃飽後說聲「好好吃啊」，那麼從事支持服務的人說不定會想：「果然增加了選項和條件真是太好了啊」。但是，他們真的有想要嘗試吃吃看其他食物的欲望嗎？如果沒有的話，對當事人而言，增加了選項只是讓他們更加混亂而已，說不定還會選不到自己本來真正想吃的食物。這是因為增加的選項中多了和原來不一樣的其他東西在裡面，這麼一來就有可能會「不小心選錯」。

以前和園友一起去過比拉麵店品項還多的餐廳，他們大多會毫不猶豫的用手指菜單上的其中一道菜，看到他們這麼做，我就認為「他喜歡這個啊」，「那麼，這個人說不定也會喜歡這類的菜吧」下意識的開始推測他們的喜好，但重要的是，卻沒有任何人去確認做出選擇的本人的意志為何。

有時候，把他們用手指過的菜單翻面之後再讓他們看一次，第二次也會毫不猶豫的用手指一道菜，這樣一來我了解到，他們在眾多選項之中能夠馬上選出一道菜，並不是因為喜歡吃那道菜，而只是隨便選的。即便是這樣，也不能說他們的選擇方式是敷衍馬虎的，重要的是應該要理解他們對於「隨便選擇一道菜」這件事，並不會對自己造成任何困擾。

也發生過類似的其他情況，有一位總是戴著讀賣巨人隊棒球帽的園友，他其實是「喜歡中日龍隊」的，但是知道這件事的人並不多，身邊的人以為他「一定是讀賣巨人隊的忠實球迷」。即便一直被這樣誤會著，但是因為當事人並沒有發覺任何異狀，所以也不構成任何問題。

不管是拉麵還是球帽，他們並不會在很多選項中細細思索並作出選擇，我也感受不到他們認為能夠從眾多選項中作出選擇是一件必要的事情，如果是這樣的話，對於沒有這種感受需求的人，特意地提出「還有這樣的選項喔」，真的是必要的事情嗎？

作為人們的習性之一，我們一方面期望過著重複例行常規生活的那種安定感，另一方面又追求著新奇的事物。多數的服務對象對於期望安定的心情是比較強烈的，換句話說，他們比較不擅長面對改變，這樣的人對於自己的例行常規會有較強的堅持，也很難去改變他們一直習慣做的事。

有一種安心感是伴隨著一直做相同的選擇而來的，因為當事人的判斷，認為這個選擇不會失敗。去同一家拉麵店吃著相同的拉麵，這或許是因為，如果做了其他選擇的話說不定會失敗，出自於這種本能上自我防衛的心理。每個週末學園提供園友無限暢飲的飲料吧，飲料吧有酒精飲料、果汁還有點心，每週大家都很期待。大部分的人，都會坐在固定的位置，每次都點相同的東西，然後聊著相同的事情，在感到滿足之後離開。

我們如果無法取得眾多的資訊，就沒有辦法進行自由的選擇，並認為如此一來就得不到幸福，為此能夠無窮無盡的發展出新事物，但是他們只憑藉著本身僅知的資訊活著。

看著他們點菜時能夠毫不猶豫的隨意用手指出菜單上的一道菜，仍舊依賴原始的感受生存著的姿態，讓我感覺人要生存下去所必須的能力，大概就只是這樣了吧。

臨死之時，「我的這一生沒有什麼不足的」能夠這樣想的人生，一定是很美好的吧。

在必須從眾多「選擇」的社會

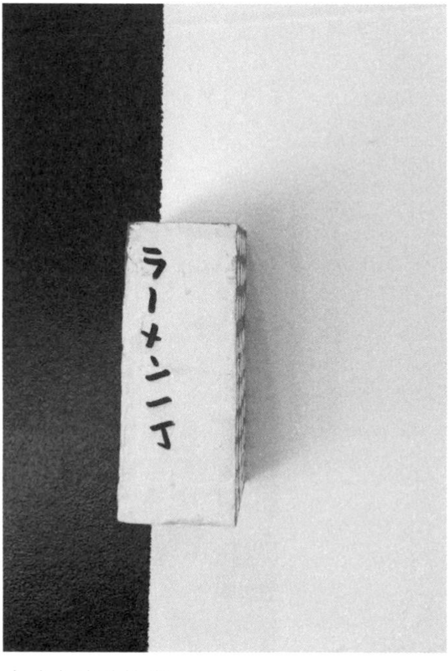

木塊上的隨筆畫

裡生存的我們，不管何時總是會有著飢餓感，在臨死前也仍舊會想著「如果做了那件事就好了」、「如果那個時候就先那麼做就好了」。這麼看的話，他們不會回顧過去、也不擔憂未來，他們那種不會沉溺於眾多選項之中的生活方式，讓我感到十分憧憬。

不遷就、不影響對方，仍舊保有自己

他們不會先預測未來才有所行動的這種特質，也反映在製作物品的時候。完全不會期待其他人對於作品的讚賞，總是能夠全力以赴的製作作品。或許也因為患有智能障礙，所以更能凸顯並展現出人性純真的部分吧。親眼看著他們做出了美麗的作品，每每讓我打從心底感到佩服，甚至也想要變得像他們那樣。

這種憧憬的心情是單純的認為「純真的行為是很美的」、「並不普通這一點是很帥氣的」這樣的概念，我曾和一位服務對象的家長聊過這個想法，因為很想要強調他們不會去迎合社會上的觀點，這個特質是很好的。

但我說出了想法之後，對方這麼回答：「園長，雖然你這麼說，但是請你試著以父母的立場來想想。你會這麼想，是因為你自己沒有患有障礙的孩子，才說得出這種話啊。」

但是即便到了現在，對於他們「沒有任何目的、自然的行為舉止」，我還是打從心底感到很帥氣。只不過，那樣的話語對於父母來說，只是一句與現實無關的漂亮話，父母必須面對著無法被療癒的痛苦和悲傷，那般頑強的苦惱，自己的孩子並不「普通」是件多麼令人悲痛的事，我們外人無法得知。因為他們不先預測，才能做出那些作品，即使這些作品得到世人的讚賞，對於認為自己會比孩子還早離世的父母來說，比起創作活動，考慮他們將來該如何維持生活，這件事才是最優先的。

我思考了關於普通或是不普通的這件事。人類無論在什麼樣的狀態下，都只能以自己最原本的面貌示人，如果是這樣的話，為什麼要去改變自己原來的面貌呢？與生俱來，或是偶然發現「不普通」的自己，這應該是命中註定，而不該認為它是場悲劇。這麼思考著，我認為才能和障礙或許只有一線之隔，心情變得很複雜。

前些日子，有一位年輕的畫家來參觀我們工房，看著正在畫簡單圖畫的園友們，他感到十分的感動。那時他說「我雖然已經花了好多年學習繪畫的技巧，和培養自己的感性，但為什麼他即使分心看著別的地方也不會停筆，仍舊可以畫出非常簡單，但是毫不猶豫的美麗線條呢？」他因此受到了衝擊，就這樣一個人陷入了思考之中。

不只是那位畫家，前來參觀的人們，常有眼泛淚光並心懷疑問而歸的人。但是我是這麼想的：「沒有必要感到煩惱，這只是因為你是需要思考之後再作畫的人，所以就繼續這麼做就好。而他們是不去思考就作畫的人，雖然可以理解人們會想要變成像他們一樣，不用思考就能作畫，但沒有必要感嘆做不到的自己。自己在世上是獨一無二的，只要做自己就好了。」

所謂的人，是一種既深奧又廣泛的生物。

人都會想要接觸和一般不同的世界，憧憬那樣的世界、懷著想要去一探究竟的心理。但是，就我而言，要屏除一切雜念、放空心思去做任何事情是做不到的，要變成那樣的人也是不可能的。有人說所謂的藝術家就是「懷有堅定的意志致力於創作的人」，說不定真的有這樣的人存在於世上，不過即使沒有明確的意志，他們的作品卻也被視為藝術流傳於世，如此一來，他們也被稱為藝術家的話，那麼他們不就是真正的藝術家了嗎？他們的作品表現出發自人類的根源、那種蠢蠢欲動沒有目的的衝動，將內在的自己徹底的展現出來等等，擁有這種十分特殊的能力，這的確是藝術家的特質。雖然這麼說，但是他們幾乎所有人都不會自稱為藝術家。

我總是在意周遭和其他人，是園友讓我認識到自己總是充滿雜念，老是在思考著什麼。比起想要努力地變成和他們一樣放空自我，不如變得更加坦率，想些自己做得到的事情，這樣還比較輕鬆容易。只要站在他們的身邊，和他們搭著肩，那麼就可以自然的得到好成果。我們總是會想要引導對方，或是會去遷就對方，但是最終，每個人就只是唯一的一個自己。

從可以做到的事去思考：何謂不教

如果是從訓練和指導的觀點來看的話，對於我們的服務對象獨特的行為，很難產生覺得有趣的感性。比起個別差異性，大家都要做到一樣的事情，因為這才是好的，菖蒲學園以前就曾經是這樣的行事風格。

把做不到的人提高到和做得到的人一樣的水準，重視提升看得見的成果，不去重視個別差異，而是想著要怎麼將那些差異拉近、粉飾。

身為在第一線上從事社會福利支持服務的我們，時常把他們的那些「做不到的事情」當作重點去關注，曾經將「做不到的事情」當作照護的中心思想而去做支持服務。因為患有障礙，因此一般不容易在社會上生存，所以確實會針對「做不到的事情」進行照護服務。當然照護是為了要讓他們生活下去的重要工作，但是在所謂社會福利第一線的工作，我們總是容易不自覺的去關注服務對象的「弱點」並且推測分析，專注在想辦法要讓他克服那些弱點。換句話說，一方面也變成是一種「在挑出別人的缺點」的工作。然而，在支持重視表現力的活動時，是以支持服務為中心，並向外拓展，如此一來，社會福利的意義也變得不同。

也就是說，把注意力從不會在生活上造成困擾的「弱點」上，盡可能的轉移到他們「可以做得到的事情」、「擅長的事情」、「強項」（strength）之上。不去注重他們對周圍的影響，還有他們的社交性或是自立能力，挑出他們「能夠做到的事」。即使他們做出一般社會會抱持負面印象的行為或是行動，只要認真觀察，就能夠從那些行動中，發掘出存在於那個人內在的本質。不論是敲打、撕毀、大聲吵鬧、前言不對後語、行動遲緩等等，要能夠正確的將他們的能力運用於創作，我們必須要擺脫常識，從創造性以及感性的面相去理解他們，在那其中就隱藏著他們做得到的事情。

只是單純的改變看事情的角度，就能夠看見以往不曾看過的色彩，這樣一來，我們的工作就是讓大家改變看事情的角度。一般人如果聽到「請從不同的角度看看」就會仔細的去觀察，並且不論是透過語言或是說明，只要意識到這點，對於事物的看法都會產生變化，一般的人都具有這種特質。這麼一來，一定會發現平常沒有注意到的事情。只要對從事支持服務的人說：「你的工作就是去發覺並關注這些事情」，他們就會開始觀察服務對象在做例行工作時的細微動作，即便連那些一成不變，例如只是把小冊子放進袋子裡，再蓋個印章這類的工作，也會漸漸開始仔細觀察。就像是在印痕作用下學習到的常識，這種框架正逐漸地擴大，慢慢地就能夠理解其他人的價值觀。

雖然如此，由於職員的工作內容繁多，確實並沒有辦法仔細觀察每一個小細節，有時就從宏觀來看，像這樣遠近的變化，可能也會體驗到一些讓人感到驚艷的事情也說不定。

我愛我自己：I LOVE ME.

我不斷地發現服務對象製作的作品所呈現出的趣味性，在此同時，也有位職員持續關注著他們那些光從作品上無法展現的行為和趣事。她來向我提案，因為很喜歡使用日間服務的對象們，希望能夠幫他們辦一場作品展。會有這個提案，是在她和服務對象的家長接觸時，聽著他們說出「只要來到這裡就能夠成為藝術家了呀」這樣非常期待的話語，在了解了父母的想法之後，讓她深刻的體會到父母希望自己孩子能有所改變的期許。

因為我們把製作物品視為菖蒲學園的發展重點，所以我們的創作活動也受到一般社會大眾的注意，「來到這裡接受日間服務的人，雖然沒有參與物品的製作，但是卻也會參加活動，我想讓更多的人有機會能夠了解他們」，因此才提出想要舉辦作品展的提案。

日間服務的服務對象，有的人會用蠟筆畫一些昆蟲、花等等樸素平實的主題，或是什麼也不做就躺著睡覺，或者咬著吸管，還有的人就只是把球轉來轉去，每個人在學園裡度過的時間都各有不同。所以對提議要辦作品展的職員，我的回答是，「你想要辦作品展呀。還是你是想讓他們更受到重視呢？如果要辦作品展的話，他們的作品就必須要得到好的評價，也必須要挑選出能夠展出的作品」，會這麼說是因為，當時我認為如果要以展示作品為目的的話，日間服務對象的作品不僅趣味性不足，也缺乏藝術性。以我的基準來看，他們的作品水準並不足以舉辦作品展對外展示。

對於我的回答，她說：「但是，那些不都是大家很努力做出來的作品嗎？」並沒有打消念頭的意思，就彷彿是因為把他們拿去和工房的園友們做比較，還看扁了他們一樣，我可以理解她會這麼說的心情。

這位職員以前是在學園裡的造型工房裡工作，只要有人做好了作品，就會稱讚他們的作品「好棒喔」，對著每一樣作品感到驚嘆和讚賞。在感到開心的同時，因為很難去評論稱讚那些沒有作出成品的活動，而日間服務的服務對象們也並沒有做出什麼具體的作品，但是他們的舉動卻也是充滿了趣味性，每一個人都值得深究、很有意思，因此她站在服務對象的立場，希望更多的人能夠去認識他們。

她非常希望他們能夠更受到世人的注目，而把這個想法也傳達給我。於是我提議讓他們把對自己而言最珍視的東西帶來學園裡，在看過大家的東西之後，我想出可以辦一場不用做作品的展覽。某個人平常穿的拖鞋或是喜歡的鈴鼓、每天穿著的襯衫還是某個人的手部繪畫，甚至是塗鴉、還有最寶貝的娃娃、總是寸步不離身的雜誌、一直拿在手裡就會感到安心的吸管……這些都不是作品，而是將自己心

Love me 展（2015年舉辦）

愛的東西展示出來，想要傳遞的訊息是「我愛著我自己」，因此我將這個展命名為LOVE ME展（ラブミー展）。

和我們的預期相反，參展的服務對象們，對於舉辦這個LOVE ME展並沒有展現出任何特別的反應。這是因為，這對他們而言是極其普通、本來每天就都會擺設出來的東西。看到這些，對他們本人來說是再自然不過的事情，甚至是會想問，為什麼要把這個放在這裡呢？也有的人甚至想把展示品拿回來。雖然如此，家人們的迴響很熱絡，對於能舉辦這樣的展覽都感到很開心。

雖然不是像作品一樣具有形體，但是卻仍然保有著自己的堅持，即便那就是展現出他的「心」，但是卻沒有辦法和當事人確認「這就是你想表達的吧」。也可能，你所感受到的共鳴只是一個眼神的交會，或者那只是因為和他們相處了很長的時間，所以才能夠感受到那種共鳴。

基於這點，讓我覺得幸好舉辦了這場LOVE ME展，因為我們改變了想法，不是為了展示作品，而是藉機讓大家去思考服務對象和我們之間的關係。

他們和我們不同，他們不受外界影響、也不期望得到稱讚，是不會動搖的。因為自己就只有一個，就像是從打一開始就愛著自己。如果有人問我喜歡自己嗎？我會怎麼回答呢？藉由關注他們，讓我發覺自己因此學到了喜歡著自己是一件很重要的事。比起懂得判別什麼是正確、什麼又是不正確的，更重要的是，絕對不能失去擁有一顆毫無防備又脆弱，但卻無法取代的心，並且去愛這樣的自己。

另一種自立

障礙者也同樣身為支撐社會的一員，所以大家期望看到他們在社會上工作。和健康的人相同，拿薪水過生活，也能夠對社區有所貢獻，同時還能夠自立生活。現在的日本就是以這樣的觀念在提供就業支持服務。如果能夠提高就業率，就能夠促進障礙者的獨立自主，而雇主也會得到好的聲望，政府的政策也是往正確的方向發展，或許大家是這麼想的。但是我在意的是，沒有任何一個人談論到「當事人這樣就能夠過著幸福的生活了嗎？」

已經在就業的人，對於自己在工作上的回報是不是足以感到滿意？即使是觀察一般的工作環境也可以知道，很多人都是從事非常辛苦吃力的工作。當然即使是在這樣的環境下，仍然有想要工作的人。但是另一方面，也會有不想要工作的人，甚至也有不明白什麼是工作的人。在這種狀態之下，如果還讓他去工作的話，就人權的觀點來看是相當粗暴的作法。

在菖蒲學園裡，如果園友到工房的話，我們就會說他「在工作」。雖然我們這麼說，但是對於他們本人來說，所謂的「在工作」的意義是不是和我們所認知的相同？我認為我們和他們對於工作的認知有著很大的差距。

如果問在布藝工房裡縫著刺繡的人「你現在在做什麼？」他會回答「我正在做貓咪」。問在木工工房的人「你現在在做什麼？」他會回答「我正在雕木頭」。幾乎沒有人會回答「我正在工作」。

一旦進到工作坊就是「在工作」，以這種想法再繼續延伸的話，就容易變成在討論「那麼要不要也考慮就業呢」，根據不同的服務對象，他們各自對於工作的理解方式也不同，就容易簡單的以「就業」一詞一括而論。但其中還包含著不為人知的現實狀況，即便已經超過工作時間，他們並不會就此停下手邊的針線活，甚至回到房間裡也還繼續縫著。

因為有自己的堅持所以持續地做，他們的行為真的可以稱之為勞動嗎？我不這麼認為。如果要這些講究堅持的人去工作的話，一定有適合他們的事。譬如說，有一個工作是將一百個寶特瓶壓扁即可得到五日圓的報酬，不論當事人的想法是如何，這就可以被視為是一件勞動工作，從支持服務的角度來看，「能有這個工作可以做真是太好了，你真的很努力了喔」，因而感到欣慰。另外，不論當事人的想法如何，社會福利機構為了達到國家標準而「想要提高就業率」，不就只是為了實現各自的期望嗎？問他們「要不要工作？」如果對方回答好的話，那究竟是要將之視為勞動或者是創作活動呢？或許很多人會認為是介於這兩者之間的吧。就算詢問當事人的意志，也可能得不到確定的答案。雖然就這樣維持著曖昧的狀態也是一種方式，只是以從事支持服務的人的立場來看，「是勞動或是創作，仍舊是曖昧不清的」，保有著這樣的想法是必要的。如果不這樣的話，就容易陷入「只要他答應的話，就算是勞動，必須讓他認真確實地去達成工作內容」這樣的想法之中，也就會容易變成想要一直教導他們各種事情。再者，如果說不是勞動而是創作活動的話，也不能讓他們待在工作坊裡，什麼也不做，或只是在睡覺。

我發現，他們好像時常不清楚自己所處的立場，或什麼是份內的事。不了解到工作坊是為了要去工作勞動、或是想要去那裡玩耍、還是去休息的，又或者只是因為職員對他們說「去那裡吧」。他們待在工作坊確實有許多的理由，因此是無法單單用就業支持服務一詞以蔽之，其中包含了各種各樣的情況。也因為如此，在提供他們就業服務的支援活動之前，是不是就變得有必要再思考一遍「工作是什麼意思呢」？

勞動指的是「運用身體工作，尤其指為了獲得薪資或是報酬而工作。另外，一般即指工作，人類運用道具以及機械等等方法，取得運用勞動對象的天然資源或是原物料，以賺取生活必要的財物所從事的活動」（《大辭林》第三版）。

當然多數患有較輕度智能障礙的人們和我們一樣，有著工作意願和相似的價值觀，會將從事的活動視為工作（勞動），朝著他人所期許的目標努力做出成果，以獲得相對的代價。因此靠著一己之力也能夠生存而產生自信心，也因為受到別人期待而得到希望。關於勞動，必須要確實理解障礙者本人的價值觀、工作觀、能力等，之後再慎重的進行。如果只將目標放在提升就業轉銜的比率，就容易偏離以當事人為主體的社會福利服務，成為一大問題。

如同先前所述，現在到處都在議論著將藝術創作與就業、自立連結的想法，但究竟是誰一直想要把作品和就業、或是自立生活串聯在一起的呢？他們所創造的藝術作品，是由他們內在孕育出來的，也是他們日常普通的行為，因為是一種極其純粹的東西，創作本身並不具有「工作」的意識在其中才是。

實際上，我們的服務對象大多數都是與藉由工作取得報酬無緣的人，從事支持服務的人要尊重他們的主體性，因為支持他們自我實現的立場，所以必須要更加的了解他們的思考方式。

原本藝術和就業是不相關的，是從事支持服務的人介入他們的行為，將他們的行為轉化成設計，並將其創造出社會上的價值，最後把得到的報酬作為代價回饋給創作者。但是創作者本人對於勞動，或是報酬這類的概念是很貧乏的，將那些沒有目的的行為停留在自我表現的階段，他們在大多數的情況之下也不會對此感到任何的不滿。藝術作品被標上了金額、獲得的收入能夠維持生活，對他們有著很大的幫助。雖然如此，藝術和報酬只不過是次要的關係，單純的行為以及因爲這種行為而得到的滿足感，必須把這個狀況與藝術報酬看作是不同的兩件事，不應該以從事支持服務的人的價值觀去定位什麼是藝術。

比起讓他們就業，不用說，當然是讓他們得到他人的認同是更加重要的，但是為了要將作品商品化，作為達到這個目的的工具，從事支持服務的人必須要具備設計能力和創造力。

由單純的表達孕育出作品，也就是以所謂素樸的藝術為題材，再創造出其作為商品的附加價值予以販賣，我們有時會將這個過程稱之為「就業支援」。從提供支援的我們的觀點來看，就業只不過是將他們的行為貼上一個適當的標籤，但是能夠做著喜歡的事情，也同時是和工作相關的事，更是能夠培養他們對於生活動力的支持活動，因此，我們對於就業支援的觀點，必定要經過深思熟慮。

因為從事支持服務的這些干預者而產生社會上的價值，想要試著和創作者一起共生，這對於社會福利具有非常重要的意義。甚至，他們的想法能夠更加正確的傳遞給更多人或是這個社會，這遠比單單就業這件事來的重要，我們都必須了解這點。

我就是唯一的一個我，到底為什麼要我改變呢

最近這幾年，聽到別人問起「是怎麼做到將障礙者機構藝術化的呢？」這樣的次數越來越頻繁，有時候也會收到「是不是可以請您教教我菖蒲學園正在進行的活動安排呢」這樣的委託。但是到目前為止我所做的事，都只是菖蒲學園的經歷，這些事也只會在這裡發生，因此我認為只要人或是場所改變了，就做不出完全相同的事情。我不認為「這個體制是最好的」，因為體制都是隨時要隨著人改變的。所以比起給其他人建議，我認為每個人最好透過自己的努力，為服務對象和職員們創造一個自由舒適的空間，這才是最好的方式。

圍繞著藝術相關需求的這個大環境之下，或許會對患有障礙的人有著「他們應該是精力旺盛又活潑的」，或是「一旦作品能夠成功商品化的話，就可以說是成功就業了」這類的想法。不論是哪種想法，都期待著只要能夠活用他們的藝術創作，

讓他們在精神上以及經濟上或許都能夠自主獨立。

也因為有著這樣的時代趨勢，毫無疑問的我們需要更加小心謹慎的面對，如何讓他們能夠自立生活。在討論關於障礙者自立生活的議題時，常會遺忘「他們本來就是自主獨立生活的個體」這件事。他們大多數的人打從內心，一開始就認為自己保持原來的生活就足夠了。

或者應該說，覺得障礙者無法自立生活的人，多半是認為「自己是很認真生活」的我們。對自己總是感到不滿又缺乏自信，內在因為接收外來過度的資訊，而總是受到他人的影響，進而被改變，輕易地被動搖。

工作究竟是什麼？

我們總是輕易地將工作和自立生活連結在一起，但是實際上，卻沒有把這兩件事分別徹底地思考清楚。希望大家可以注意的是，要將他們的藝術創作和自立生活直接連結之前，也必須要清楚了解這兩件事所代表的意涵，還有必須要了解，對此期待又是代表著什麼樣的意思。如果不先釐清這些，恐怕會造成令他們無法自立的後果。帶著懺悔的心情回顧我這三十多年的社福經歷，為了引導他們的能力發展，反而會剝奪他們原有的自立方式。就如同他原本具有「亂七八糟的縫著」這種自立方式，卻被放進「一定要縫成直線才可以」這種正經的社會框架裡，因此不管過了多久，服務對象仍舊是被貼著「不能自立生活的人」這個標籤，無法擺脫。

人們時常會形容智能障礙者的特徵是「意志薄弱」，不去預想未來，說的話常常馬上反悔。而身心健全的人會先規劃未來，言出必行。但是這意味著，障礙者不受計畫或是其他人的言行束縛，也不會因此感到不安，所以會依據當下的場合和情況立即改變。

他們不管到了哪裡，自己的態度幾乎都不會改變，也無法改變。不想改變的那種頑固的姿態，相對於我們所說的「意志薄弱」，某種意義上其實是很自立的。在我眼裡，彷彿是以堂堂正正的態度，清楚地向對方說著：「我就是唯一的一個我，到底為什麼要我改變呢」？

我們社會上所強調的經濟自主，只不過是其中一個單一面向而已，如果從根本來看，自立指的是為了實現自己想做的事而努力，或者是說周圍環境並不是適於努力達成自己想做的事的狀態。

當人們努力去做什麼事情的時候，就會竭盡所能的付出，這也就是所謂活著的證據。

舉例來說，即便是在社會上難以同意的事，只要能夠從「正在努力」這個事實來看，即便從言語上無法確認，但一定也能夠從本能上發現，這是由自己的意志決定的。而我認為這就是自立。職員們的工作就是，發現他們努力自立的方向，並且支持協助他們。

如果只是在確認他們的弱點，像是這個人想要努力的方向是「做不到的」，只是思考著這種支援協助而不去面對他們，是不能看到他們的可能性的。

不只是支持協助他們在經濟上或者是生活上直接相關的自立，即使偏離普遍的價值基準以及社交性，仍支持他們的自我實現有著獨自的邏輯以及價值觀。只要能夠理解這點，並辨別出他們真正需要的是什麼，替他們準備符合他們想法的環境和方式，陪伴貼近他們的心，這才是最重要的。透過試著順著他們的意，這樣就能夠發現很重要的事。如果能將環境準備好，不論是不是患有障礙的人們，必定都能夠朝著自我實現的方向努力，我們應該要傾注心力為智能障礙者開拓這樣的一條道路。

自立的主軸不是要人們改變，而是「原本的我就是我自己該有的樣貌」，應該要往這個方向做。為了做到這點，在思考如何自立之前，我們必須要不斷地思考「幸福為何物」，這裡的關鍵詞是「不變的事」。也就是說，不是要去改變他人，而是要將那個人最原本的樣貌呈現出來，支持協助他們做到這點，就是所謂的自立支援。

在活著的時候貫徹自己想做的事，這是人們永恆的任務，但是事情總是不會那麼的順遂，所以不管是什麼人，大家的人生都是朝著實現某件事，並在前往某個目標前進的途中結束的。換言之，並不是達成目的才是自立，而是為了實現目的有所作為，就可以稱之為自立。但話又說回來，實際上他們真的有想要實現的事情嗎？

什麼是最適合的環境？

準備要行動的時候發覺到一個問題——當有了必須要達成的目的，但和自己的能力或者是環境之間的差距越大，就越感受到這個問題的嚴重性。自己所在的環境如果不是最好的狀態，那麼如果能在最適合的環境之下的話，那又會是什麼樣子呢？

根據橫濱國立大學宮脇昭名譽教授的研究，我們可以這麼思考：

植物的特性各有不同，因此各自都有最適合的生長條件。但是實際上如果生長在條件稍微不好的環境之中，植物反而長得更加健壯。讓植物生長在條件稍微不適合的環境裡，反而比生長在最好的狀況之中更能將所得到的營養發揮出最大的功效，這麼看來，最好的環境並不是最適合的環境。

為了要達成目的的方法不只一個，要選擇最能夠實現的手段，還是要選擇努力提高自己的能力或是環境條件？或者是借助他人的協助呢？每個人都處於不同的情況，要視各自的具體情況而定，該怎麼做，必須要時常重新判斷再具體行動。

我們平常不會發生重大的失敗，也不會有重大的成就，就只是平平順順的生活著。當必須要克服很大的障礙時，可能會因為無法克服而感到悔恨；也有可能成功克服而開心的創造出人生的另一段高峰。當你為了要解決問題全力以赴所做的努力，這些努力不也可以說是你的人生嗎？

當你面對的障壁太過於高聳，沒有辦法自己一個人克服的時候，就需要別人的支持與協助。當發生了一個人沒有辦法解決的問題的時候，是否還能自立？這和我們怎麼跟其他人交往相處有關，這種時候人際溝通能力就成為自立的必要條件之一了。到了緊要關頭，他人的力量會成為一個很強力的靠山。所謂的自立，絕對不是指僅靠一己之力去掌控支配事物。

智能障礙者們已經是自立生活著的，這個想法可能和法律上的自立支援不相符吧。法律是絕對的，而只要是絕對，就「必須要完全照著這個做」。但是，絕對並不總是正確的，實際上，法律也是會改變的。不僅止於接受所謂的絕對，還要符合在那裡的人們的生活樣式，我想讓菖蒲學園變成一個不那麼重視絕對的地方。不去強調不管是弱點還是做不到的事情，對於我們的服務對象而言，這樣才是容易生活的環境。

所謂人的生活，以「讓自己積極的與他人建立關係」和「被動的接受著令人安心的照護」這兩個理念為基礎，並將確保這兩個理念視為最重要的條件。在當時，機構住宿要實現這兩個理念是做不到的，機構住宿封閉的印象深植人心。但是，也有另一種看法，正因為如此「在社會上發生的問題或是不良影響，很難進入機構裡。這裡容易打造出和平又讓人安心的空間，因為封閉，所以能夠輕鬆地創造出這樣的環境。」

工作室的地板上也塗上了色彩（繪畫造型工房，濱田幹雄）

將以往障礙者不為人知的獨特感知資訊與行為模式納入社會框架中，並藉此擴展社會框架。透過改變我們的思維模式，來創造出一個社會體制中原本不存在的特殊環境，即便是生活在機構裡，不，應該說就因為生活在社會福利機構裡，所以我們才能夠創造出一個既能夠「讓自己積極的和他人建立關係」，又可以「被動的接受著令人感到安心的照護」的生活。我們可以創造出一個不用去順應他人或是社會，即使和其他人有些不同，也能夠安心自在的生活環境。

為了實現這個想法，我們不再為了要讓我們的服務對象去順應社會而教導他們，而由我們這些從事支持服務的人，把他們的行為舉止社會化，改變社會上的觀感。這麼做的話，我們也不用只關注著他們的能力或者是學習技術了。

沒有目標就不會落空

一直看著他們像是在玩耍遊戲的工作方式，我發現，所謂的「做活」一詞，並不是指做出一定形式的物品這種勞動過程，指的應該是「手的活動」這個意涵。以這個意思來使用這個詞，應該是比較好的用法吧？我開始這麼想。

比起說他們的工作是在製作物品，有時看起來更像是在消遣把玩，那些都是很真誠的舉動。因此只要創作的方向是適合他們自己原本的狀態，就容易創作出好的作品。相反的，如果依靠知識或是概念，手的動作就會遲鈍，因為會陷入自己的腦海裡思考過一次才能理解。

先前提到的池田三四郎氏，如同前述的著作《關於美》一書中這麼寫道：

「孩子們往往是產生印象而不是去理解，因為印象是鮮活的。而當我們越是累積智慧，對於印象的掌握就越遲緩，這是因為我們越來越倚重理解力。對於孩子們豐富多彩的長大成人的過程，現代教育是如何的偏重於智能教育，在這裡我想提出另一種方向。雖然我們常提到要尊重孩子的個性，但是，反過來說尊重個性的同時很容易變成自由放縱。我們應該要尊重的是，已經經過雕琢的個性，不去強調這點，反而強調要尊重那些未經雕琢的個性的教育方式，他們所說的並非個性，不得不讓人輕易地解讀為他們尊重的是野性。（中略）以印象為主的優點是，不論什麼時候都會感到新鮮，而越感到快樂越不會覺得膩，因為不會膩，就會認為那是一個美好的東西，是一件藝術品。所以追根究柢，一件越是單純樸素，但卻越是美麗的東西，一定不會被厭倦。」

一旦智慧的發展干擾了美的表現時，在菖蒲學園我們首先考慮的是，他們在藝術表現的價值。還不知道他們能做到的事情是什麼，先讓他們親手把玩木材或是針和線，經過這樣的過程，到最後還是做出了有形體的物品。這些成果雖然看似是偶然的事件，但是我憑藉著親眼見證許許多多的創作品誕生的瞬間，發覺自己已經學到了關於人們的那些自然行為的價值。

也就是說，對人們而言必要的是「飲食、睡眠、行動」，藉此得到自我滿足、感到安心愉悅。而這三件事都是出於本能的行為。

一方面，我們因為依賴科技而削弱了自身本能的力量，當在進行任何事情之前，接收到的訊息過於龐大，讓我們的生活方式變成不再親自嘗試、創作、判斷。在這個層面上，如果讓健全的人無法接受資訊，而失去主要的行動方式，也可以視為我們很難去發現自己真正自立的目標應該是什麼樣的狀態。健全的人還有個特徵，就是喜歡面對新挑戰的那種刺激感，這和會感到厭倦是同樣的，因此又會再產生更多的欲望，我們都想要成為具有創造力的人，因為我們認為創造是一種特別的行為，也是一種新的挑戰。

另一方面，障礙者的訊息來源只會從親眼所見，或是手邊現有的資訊而來，很少接觸到變化的環境，每天都過著反覆相同的生活。如果這樣的生活是舒適的話，他們就一直重複著相同的日常，幾乎不會想去挑戰新事物。

因此，他們不會隨著新的欲望起舞，只在自己能力所及的範圍裡行事，很少會做超出自己能力範圍的事。

當開始做一件事的時候，「因為想這麼做所以去做」或者「因為喜歡所以這麼做」，如果要說是哪種的話，就只是日常習慣的行為延伸。雖然他們常被形容在智能的發展較為緩慢，但是他們卻能很堅實的保有自己的本能。

在木工工房有一位園友總是在雕刻人的臉，我們常常因被人注視而分心，所以自己雕刻的時候我們總是不想被旁人看到，這是因為他人的視線會造成干擾，但是對他而言，卻一點關係都沒有。真的是有著泱泱氣度，對於他人的存在一點也不在意，甚至能夠成為製作人臉的一方。

不為所動，看著他們那樣凜然的態度，看來對於他們而言是沒有「事情進行得不順利」這種想法的。「一定必須要這麼做」或是「要怎麼做事情才會順利進行呢」，他們的行為不具有這種目的性，因為沒有目標所以不會落空。雖然如此，訓練和指導他們的時候，「要好好地做」這種目的性就會參雜進來。但他們是做不到這種事情的人，一直以來都是保持著沒有目的的狀態，其實對於他們自己來說，就代表著所有的事情都進行得很順利。我認為這也是他們能夠感到自信地活著的根源，就是基於「因為想做所以去做」的這種本能。

他們不像我們一樣，會想要取得別人的認同，藉此和其他人建立關係，所以也很少會因為相互干預而引起紛爭。從一開始就以「因為想做所以去做」、「我就是我自己」這種態度和其他人清楚地畫分出界線，對於自己想要做的事和其他人有衝突時，就會以「好礙事」那樣的感覺去排除眼前的障礙。但是只要這樣就好像走在和一般人不同的道路上，他們對於身邊的人常常是漠不關心的。

他們不特地去和不同價值觀的人來往，就因為那種與我無關的態度，不論做出什麼作品，在行動的時候都會將自己的特質充分地展現出來。在此同時，也會展現出一種非社交性的問題行為，有時對於當事人來說會發生其他顯著壞處的時候，就必須要介入干涉，這就是我們從事支持服務的人該做的工作。但是，即便是發生了多少的壞處，不要只集中關注那點並想辦法改正它，如果可以的話，我們應該要想辦法維持當事人想要追求的事物，以讓他最能夠維持原來的自己的生活方式為優先考量。

喜歡什麼樣的東西、在什麼狀態下感到自在舒適，那些在在都是由本能決定的事情。有人會說「光靠做自己喜歡的事情怎麼可能養活自己」，或許是這樣的吧，但是，如果不去做自己喜歡的事，可以肯定的是，一定沒有辦法活得出一個好的人生。自己想要做的事是什麼，你是否曾經認真的思考過這個問題呢？

比起理性更依賴直覺：知行合一

如大家所知，左腦是負責語言、理論和算數，右腦是掌管透過五感所感受到的感性、情感。雖然沒有醫學根據，但是我認為隨著人們的成長，左腦將漸漸地充滿了常識和成見，因此使得右腦所支配的感受漸漸受到壓抑。並且大多數的智能障礙者，他們的左腦存有社會常識的比例較少，因此豈不是右腦的力量更可以更充分的發揮嗎？我有時也這麼想。

藝術最基本的要素之一就是自由。

這麼想的話，就可以擺脫「左腦」的道理或是教養，朝著藝術這個單一的方向前進。壓抑著情感搜集資訊，藉著冷靜的利用理性判斷做出有意志的行為，這在社會裡被視為是好的行為，但是還是會有比起理性更依靠「右腦」的直覺或是情感的時候。試著只是依循靈光乍現、沒有理由或是根據的靈感，很多時候這種選項實際上卻是正確的，像是大家都有過的經驗，在購物時千挑萬選，但是到最後還是買了一開始第一眼看上的那項產品。

只是一直拿著筆不停地畫著，或者是隨心所欲的行事，又或是就在不經意時你已經深陷其中，不再在意周圍的狀況，將自己的感情表現出來等等，你的想法就是這樣自動地全部化為行動。只有當道理和教養不介入創意與行動之間的時候，名為「純粹」的才能與能量才得以展現。

大部分的服務對象確實都很專一。相對而言，我們有時會對自己的現況產生厭惡感，那是因為不想認同現在的自己。藉著將現在的自己和其他人做比較，必須要確認自己的狀況、地位以及評價，並訂定新的目標。岡本太郎說道：「不懷有目的就是我的目的。也就是說呢，我才不想要懷抱著受限的目的，不論何時都要超越目的超然以對，由此要靠自己一路拓展向前。這雖然是一場沒有目的的戰鬥，但只有這個是我要一生貫徹的道理。」

這麼想的話，就會發現服務對象比起我們在這個方面更加的自立。是很難受到外來影響的堅強的人們，因此既獨特又迷人。他們不需要使用指南或是樣本，能夠做到只是將自己最真誠的部分顯現出來那般純真的表現，是能夠使藝術保有原本那種具有活力新鮮本質的重要人們。

在現代象徵左腦的電腦以及電視等等，眾多的媒體所融合而成的經濟結構，導致資訊飽和，造成現在光有知識卻不行動的狀態。即使到目前為止都被視為是不好的行為，只要更改法律就會變成是正確的事，光說漂亮話的政治家和知識分子，他們雖然說著是為了人民和國家，卻是受到欲望和知識所箝制，早已脫離人類原來的智慧和心緒。

學園裡的園友，他們的行為和知識處於一個良好的平衡。

但是從事支持服務的我們，沒有意識到「知行合一」的教訓，即知識和行動是一體的，真正的知識必須與實踐相伴，導致我們可能會強迫教授他們知識和技能。如此一來乍看之下，很容易讓人產生障礙者能夠在社會上和諧地生活著的錯覺。那時，不就是對於無法理解事物進行（行）理由（知）的人們，強求他們參與社會的運行（行）了嗎。

作為沒有目的的「縫」

縫製這種行為的歷史可以回溯到原始時代。

就在人類最初把衣物穿在身上的時候，只是將植物的樹葉還有樹皮，或者動物的皮毛連接固定在一起而已。「衣著」逐漸地被加以華美的裝飾，人們開始認為那具有神奇的力量，因此「刺繡」被用於宗教的儀式以及作為權力的象徵等等，歷史非常的悠久。

nui project（nui プロジェクト）和那些具有目的或是意義，即和所謂的刺繡以及衲縫不同，只是以個人為主，不具積極目的的行為，是以創作為主的「縫」。和繪畫的畫筆以及雕刻用的鑿子相同，是以針和線作為表現的方式，彷彿是與內在自我對峙一般，從容地、持續不停地縫著。將線腳的痕跡不斷的相互交疊，透過「縫」這個方法無意識地創造，構圖以及變化都是不具有意圖的，是一種「自然而成的造型」。

但是，這種偶然的痕跡，完完全全是製作者的行為表達，儘管伴隨著變化，那些自然而成的造型就是由那些人反覆不斷地創造出偶然的形態。由於毫不紊亂固定的節奏，再加上投注大量的時間，偶然就化為必然，作品成為了製作者的自畫像。

在這裡既不必拚命地將自己的行為加諸意義，也不用向任何人說明下意識的行為，處在這樣的空間裡就是他們每天的日常。「因為想做所以去做」，沒有目的、沒有意義的創作所爆發出來的強度，因為沒有意義的包裝，所以更顯真實。就連自己也不知道，究竟會孕育出什麼，將自己的內在袒露出來，展現出純淨無瑕的美。

為什麼他們會一直不停地縫呢？為什麼要一直持續沒有目的的行為呢？我們只是用理性和未來的時間所繪製的藍圖，來做出自己的欲望和理想的替代品。但是他們並不關心尚未到來的假設時間，而是本能地想要擁有「當下這個瞬間」，想要滿足於日常生活中的所有欲望。

他們傾向於在創作結束的那一刻起，對那樣東西的執著就會突然消失不見。這是為什麼呢？若是從結果來推測，因為已經完成了，事情就結束了，這時候作品存在與否也就失去了它的必要性了。製作過程的這段時間對他們而言才是目的，因此對於製作出來的作品，幾乎是一點也不在乎。也就是說，這是他們單純只為了自己所做的行為，不論是社會價值或是外界的讚譽，他們一點都不感興趣。

製作作品的目的，通常都是為了要完成那樣作品，理所當然的，會想要得到其他人對於自己所做出來的物品的評價。當我們看到事物發展到了終點或是完成了的時候，就如同結果導向那樣，只把重點放在結果上。往結果的方向進行時，很難把握到「過程」的意思，有時候也會感到努力完成的製作過程是一段很痛苦的時間。

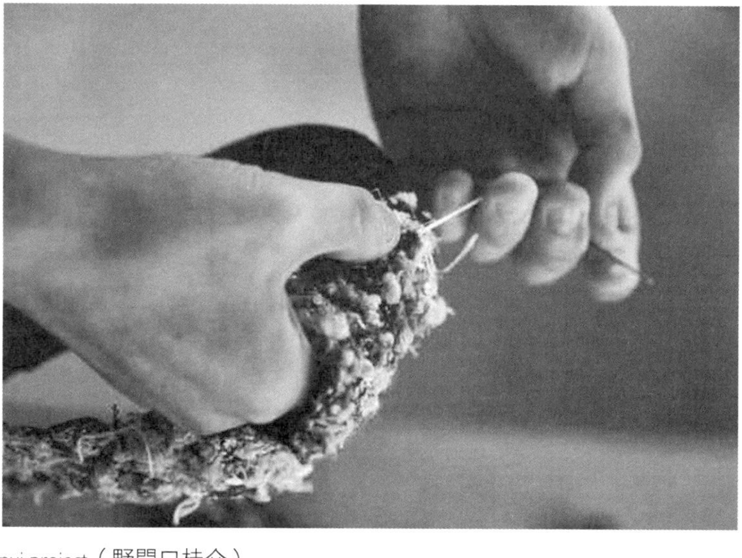

nui project（野間口桂介）

相反的，如果在過程中對於結果不抱持過多的期待，以永不停止的心情只關注著當下，那麼製作的「過程」才是具有意義的。不要將完成視為終點，或用以確認自己現在的地位，而是體會每一個瞬間，那樣整個製作過程本身才會成為最快樂的時光。反倒是完成的時候，有可能感到的不是開心而是悲傷，這樣的狀況，對創作的人來說是很健康的心理，我認為會感到傷心，是因為你知道什麼才是最重要的事情。時時都將每一天交疊累積這樣生活著，沒有目的所以不會失敗，也不會遇到挫折。

因為是只存在於無法用言語形容的世界裡，才能夠孕育出來的時間與空間，從此而生的意象能夠創造出強而有力的事件。雖然那裡沒有所謂的地位、名譽或是利

nui project（吉本篤史）

益，但卻是一個能讓你遇見真正的自己的地方。從園友以縫製這個行為所打造的世界看來，是處在世間上的普遍性的外緣，但在我看來卻像是在追求著人類本質。

縫這個舉動就代表了活著

二〇一二年三月二十五日，在菖蒲學園生活了很長時間的坂元郁代女士於醫院裡安詳的病逝了。她生於一九五三年，來到菖蒲學園時是一九七三年，正是學園創立的那年，坂元郁代女士十九歲的那年，一直到二〇〇六年因病而離開了學園，期間三十三年都在學園裡和我們一起生活。

坂元女士的刺繡與工房菖蒲的源起有關，她也是給予 nui project 許多靈感來源的其中一人，她的作品展示在學園裡的藝廊中，是具有象徵性的代表作之一，一針一針繡成布塊的線各有變化，可以感受到就像是生物一般不斷增生滿溢出來的能量。

當時園內以指導作業為名，追求具有商品價值的作品，因此她那種無視技巧的方式一般來說是不被理解的，對於坂元女士的製作方式，只是單純的看作「患有重度障礙的人的作品」，並沒有對她的作品有好的評價。

但是，即便不具有商品價值，只要一直仔細觀察她那獨自製作的態度和行動，你就會發現她總是一貫毫不猶豫、不停地縫著，因為對於刺繡的執著而產生的線的集合體，散發著令人屏息的能量。縫得筆直的線腳突然停了下來，或是突然糾結在一起，又或者突然往垂直的方向縫了過去，所有的縫線都美麗的互相纏繞在一起。悠然自得的同時卻又強而有力的將布濃縮起來，外表看起來沉穩的坂元女士，從作品中可以感受到她堅強的內在和對刺繡的堅持，能夠持續二十年以上的針線繡縫行為，留下了許多令人驚嘆的作品，她以「縫」這個行為就能夠如此讓人們為之著迷。

針線活占據了坂元女士生活的一部分，即使她因病身體狀況起了變化，但在她手還能自由活動的時候也從不停止持續刺繡。我覺得因為藉著刺繡的這些時間，讓她自己的生活維持了安定的秩序。對於做出來的作品並沒有展現興趣的她來說，縫這個舉動一定就是支持她活著的力量。

在坂元女士過世的前幾個月，我造訪了法國巴黎的一家非主流藝術畫廊，那裡收藏了她的作品。我才和收藏家的畫廊老闆不停地聊著坂元女士作品的精彩之處，沒想到沒過多久就接到這個讓人悲傷的消息。在創作者本人不知情的狀況下，即便作品已經送到了國外，但是對我們而言坂元女士仍是存在於我們身邊，透過作品展現出她活過的價值，那是我們一同生活時所感受到的，這些累積的情感也仍舊存在著。

利己主義者・聯名協作

在工房菖蒲剛成立的時候，我曾去拜訪了一座窯。在那裡只能找到弟子們燒的器皿，關鍵的師傅所做的作品卻只有高價的陶壺，我想要買的是窯主所做的盤子，但是現場卻沒有。那時我一邊想著為什麼不做盤子的同時，突然開始在意了起來，如果說起工房菖蒲師傅的作品，到底是誰的作品呢？我居然想到了這樣的問題。

當時還是以教導和訓練為主，所以師傅指的就是職員們了吧。假如我是以顧客的身分來到工房，「我不想要弟子的作品，請問師傅的作品是哪些呢？」果然會這麼問吧，如果是這種情況之下，代表工房的作品還是得對外宣稱是職員們所做的。那時開始帶著自己的作品去參加評選會，在那裡，參賽者帶著自製的圍裙、布巾還有筷子等等，互相評論對方的作品，是個對著自己不怎麼喜歡的東西也要說「哇，好棒喔」的場合，沒有辦法確實地批評其他人的作品，即便是「我不喜歡這種作品」

這樣的一句話也說不出口。

全體職員的共通點是，當要將自己還不嫻熟的作品展示給別人看時，會感到不好意思。因為這樣的心態，導致他們會對園友們說：「這裡再稍微這樣改進一下如何」。如果要要求別人的話，首先自己要先做得到才行，但他們自己在使用鑿子時也無法做出令自己滿意的雕刻，卻在教他們「像你這樣雕是不對的」，這是件很奇怪的事情。如果以這個想法為出發點，支持園友進行作業時的前提是身為從事支持服務的人必須也要具有製作的能力，這代表了很重要的意義。從事支持服務的人和園友同樣都是製作的一方，不管擅長或不擅長，都必須對自身的能力有充分的認識，這點是十分重要的。

就如同掛在學園裡職員室牆上的標語：「讓他用雙眼看　讓他用雙耳聽　讓他親身實作　若不給予讚美　他是做不到的喔[1]」，所以我也讓一直以來以社會福利工作為努力目標、向來與製作物品無緣的門外漢職員們開始學著製作工藝品，學做裁縫、學做陶碗、學做和紙。剛開始當然大家都做得不好，好不容易從事了社會福利服務的工作，卻被要求要挑戰製作工藝品，當然也產生了反彈。就這樣大約進行了十年左右吧，一步一步、一點一點開始有了成果，大家在製作工藝品上都有了各自的發展方向。

當職員已經能夠做出令自己滿意的作品，再回過頭檢視園友們的作品，就發現在工作的方向性以及技術面上，都有著很大的差距。這時只要以園友的創作搭配職員的技術協助，一定能夠做出很好的產品，這也就是所謂的協作。

話雖這麼說，這個「聯名協作」一詞是很狡詐的。一開始，我們用這個詞來說明菖蒲學園裡所做的工藝品，但逐漸地感到這個詞語和我們實際的情況並不相符。

若是追根究柢，聯名協作指的是「不同業種的人或團體一起協力製作，一起工作互相支援」的意思，用來形容共同演出、合作、共同作業、利益上的協力的詞語。也就是說，這是為了共享背後含義和目的並一同努力實現，但是我開始思考，學園的園友和職員的意圖是否相同呢？

1「目で見せて　耳で聞かせて　して見せて　ほめてやらねば　ひとはできぬよ」，改自山本五十六名言：「やってみせ、言って聞かせて、させてみせ、ほめてやらねば、人は動かじ。」（做給他看，說給他聽，讓他嘗試，若不給予讚美，人不會主動。）

舉例來說，當雕刻沒有順著木紋刨的時候會變成逆紋，出現撕裂的狀況，所以在雕刻時出現逆紋並不是一個很好的現象，如果做成餐具的話就容易在逆紋的地方藏污納垢，所以當發生了這種狀況時就不能不處理它，一旦出現了逆紋，職員就必須接手打磨、刨削，讓表面變得光滑，做好收尾。

雖然這麼做的話，說不定就可以把作品變得更好看，但是如此一來，就等於將園友花時間做出的逆紋當作從沒有出現過，以結果來看，成品就變成以職員的想法為主的設計了，並且還把園友的做工隱藏了起來，讓他們的工作成果沒辦法登上檯面。這種關係可以稱為聯名協作嗎？這樣真的好嗎？不管怎麼樣這都讓我覺得是種說不清的關係。

儘管這麼說，也不能因為是「他們的作品」所以就刨出了逆紋，或是鑿出了個

坂元郁代的作品

孔，為了要做成適當的商品，無論如何還是需要經過職員的加工。但是我仍舊想讓他們的作品能夠以原來的樣貌問世。在我感到十分糾結的時候，對照著在工房裡發生了好幾次的狀況，讓我開始注意到，其實園友們本來就不曾思考過小組工作這件事。

展示以及販賣，這一切只不過是讓園友運用藝術的材料創作，再由我們把作品融入社會的運作體系中，也可以說一切就僅此而已。

即便如此，這個世上說不定並不認同障礙者和健全者之間的協作，在評價這樣的作品時，從事社會福利服務的人也會這麼說：「作者是以什麼樣的心情來畫這幅畫的呢」，究竟有沒有必要從創作者的立場去說明作品呢？只要那麼做的話，我們這一方對於聯名協作所賦予的意義很明顯和園友們不同。

以社會福利支持技術來看，大家常常這麼說：「不只有同情心，更重要的是要有同理心」。所謂的同理心，不是指人們想法中的共通點，而是指當你在確實地理解雙方的差異之後產生出來的那種感情，這種感情有的時候也會是一種療癒。但是，因為木訥寡言的園友們總是用微笑面對我們，就彷彿是已經理解了我們的想法一樣，所以我們會認為如果將作品展示、出售的話，他們一定也會和我們一樣開心，也會成為創作的動力，不過這只是我們的誤解罷了。

當我們從平常的生活中觀察他們，就會時不時發生一些狀況，他們對於其他人的同理心其實是非常淡薄的，因此真的很難去相信，協作這樣的想法對他們來說是存在的。會這麼說是因為並沒有辦法看出他們真實的心意，協作的意義是在於有一個設計理念、有著共同的目標，一同向著目標努力，同時或是分別地卻又互相配合一起製作的這種情況之下才是成立的。如果這是協作的定義的話，我們和園友之間的工作模式，完全和協作是不相同的。

在學園裡我們活用園友們的作品，把它們做一些搭配變化之後，再加上設計這樣的附加價值，也就是將他們的作品進行了商品化。從此可知這些都與他們的意志或是創作理念沒什麼相關，並且因為他們不怎麼在意被改變過後的商品，因此心理上也不覺得自己正在參與協作。換句話說，這是以從事支持服務的角度為出發點的價值觀以及目的為主，只是因為我們的一己之私所做的企劃，因而是「利己主義．協作」的概念。

我將這個協作稱為「配合（matching）」。僅僅只是因為在知道了兩者之間的企圖是不同的，所以我認為替這種合作關係冠上一種新的意義是必要的，就結果而言，兩者之間的分工能夠更加明確，重要的是能夠明白我們感受到的愉悅是有所不同的。

以此為前提，我們在工房菖蒲的配合分為兩大類：

❶先設計

在製作開始之前就已經設計好了作品（商品），以事先規劃的方式，再由園友和從事支持服務的我們分攤工作，互相合作之下進行物品的生產。

❷後設計

活用園友們所創作的造型物特徵，再設計成作品（商品）。以園友的風格作為設計理念，並想辦法讓它的特點發揮出來。我們必須要將他們最想展現出來的部分詳實的展現出來，經過巧思搭配將作品商品化。換言之，運用園友的自由想像和感性，再由我們設定用途目的，將這兩者搭配起來。

工房菖蒲是以「後設計」這個方式為主來製作生產的。這種製作方式，讓園友先自由的將「做得到的事」轉換成具體的型態，我們再對那些型態做出反應、加以修飾，經過設計和修改把作品商品化，這就是工房菖蒲的行事風格。這是一個包括員工在內的每個成員，都能夠以各自擅長的表達方式適當發揮的場所，尊重每個人各自的製作風格，並且雙方所進行的都是必要的任務，互相都是必要的存在，各自分攤著自己的工作，幾乎很少會再對別人做出多餘的干涉了。

這裡的配合，將患有障礙的人在藝術上的表現力加上我們的設計能力，有意圖的參與和技術的投入，因而隨著人員的搭配，增強了作品的可能性以及趣味性，這麼一來不再只是1＋1＝2，而是足以誕生出充滿趣味性的新工藝。

有趣的是，從事支持服務的我們，經由認同參與配合的工作，大家更能夠理解自己和園友各自的角色，讓工作做起來更加地順暢容易。園友能夠更加貼近我們、我們能夠貫徹身為支持者的角色，若是以對等身分卻能分擔不同的職責，彼此之間的關係也能變得更加自在、相處起來更加舒適。

在nui project之中正是實現了這樣的關係，由園友刺繡的襯衫再交給職員們用縫紉機大膽地車縫，如果有所顧慮的話就做不到了，就因為覺得園友們的作品很精彩，所以在面對作品時，總是以不想輸給他們的刺繡的那種氣勢全力以赴。並不會認為因為是園友所做的作品就一定要再經手加工，以對方做出來的東西為基礎，同時也不會把對方過分高捧，而是全心全意的面對對方，這麼一來就可以看見兩者相互融合的結果。

只是「不能夠再繼續深究下去了」的部分一定存在，而這個判斷就要交給職員每一個人各自「因為那個時候是這麼認為的」的這種直覺式的感覺。當認為不能再深究的話就停止繼續深入，這個部分並沒有明確地寫出指南手冊那種基準，如果要說有一定的判斷基準的話，就要看你的「觀察力」是否敏銳

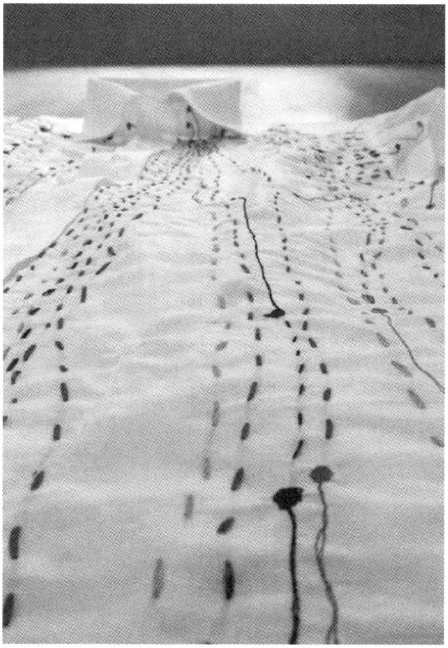

襯衫上的刺繡（nui project）

了。雖然這包含了很廣泛的內容，但只要能具有鑑別能力就能夠勝任這項工作。

這種配合的工作方式，最特別之處在於，園友製作物品時的隨意性和健康的人無法脫離的蓄意感，這兩者之間的搭配組合。磨練技術是健全者的強項，因為具有這樣的能力才能夠靈活應用園友的隨意性。

因有所感受而動作寫成「感動」，將之讀作藝術。

因有所圖謀而思索寫成「圖案」，將之讀作設計。

從事支持服務的工作就是設計「感動」之事，如果設計是「因有所圖謀而思索」的話，並不單單只指構思或是其他實質的事物，應該要重視的是在行為深處所代表的精神要點。

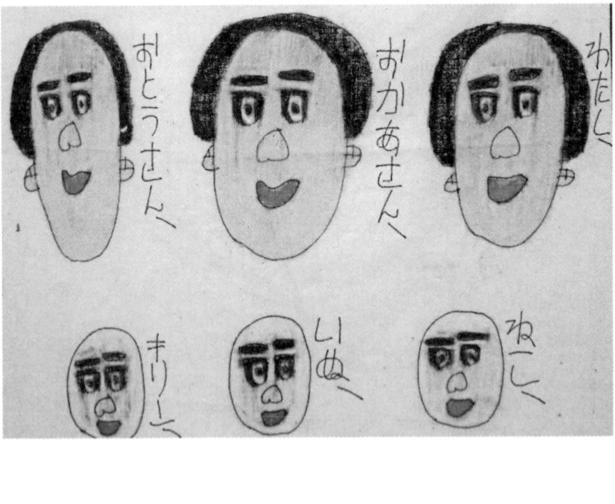

Chapter 3

在「當下．此處」如願以償的自我實現和自我滿足

對於健全的人的智慧特徵有所自覺

我們一旦不斷地重複同樣的事情就會感到無聊，想要追求刺激和變化。

但是智能障礙者的人生觀和我們有些不同，總是一直重複著相同的日子。就我們看來好似是十分單調的生活，但是在這其中卻彷彿有著令人安心的幸福感。這樣平淡的日子之中，他們所製作出的物品，卻是充滿刺激性和滿溢出來的力量。大概是因為他們非常了解自己的關係，並且不甘於處在受到歧視的環境之中，但這種環境並沒有改變的跡象。

耳朵聽不到的人，相對的視覺上就會有很敏捷的反應，就像是眼睛看不到的人，耳朵和鼻子相對很敏感是一樣的，他們就是因為患有智能障礙，所以本能會更加地敏銳，而這種能力就是讓他們能夠評斷自身的依據。

本能之下最重視的事情就是如何生存下去，而為了順從自身的本能，首先會選擇對自己本身最安全的生活方式，說得不好聽就是，他們只要自己過得好的話，並不在意別人會怎麼樣。如果只看言語的表面，或許會認為他們是利己主義者，但其實換一種說法，他們只會在意自己關心的事情。因此不論是削刨、縫製、搓圓或是塗畫，始終都只專注於一件事，「僅僅只有那一件事」這是指把一種非常美好的行為獨占，可以感覺到他們並不在乎別人對事物的評價。

我們僅將目的設定為，作品能夠受到他人的賞識並且高價賣出，所以對於自己當下正在做的事，都會一面預測著如此進行下去將會導致的結果一面行動，並且因

有驢子和羊的庭園

為依賴著自己是具有智慧的，只要想要的話就再訂定新的目標去挑戰就好了，我們都是這樣成長的。健康的人患有一種沒有辦法看出「僅僅只有那一件事」的價值的病，在煩惱的時候，無法將自己所懷抱的欲望完全捨棄。如果遇到這種狀況的話，只要意識到「這個就是我們的能力」，並且選擇一種適於進化的生活方式就好。

健全的人的智慧特徵就是能夠掌控突發狀況，也能夠判斷「應該要做些什麼」，並且抑制自身欲望。但是，即便如此也會有想要短暫地拋開世間社會的準則、想要只為了自己心裡最深層的欲望而活，下意識地尋求自己的滿足感的時候。當然，我們的本能並不是完全消失了，只要有自覺我們的本能只是被我們的知識和眼前的資訊所掩蓋，那麼剔除、區別那些知識和資訊，憑藉著自己的智慧就能找出如何返回本能地行動的方式。

迄今為止，一般社會只著重於進步的發展。人類從中受益的同時，卻又不斷地增加了許許多多不必要的知識和資訊，若是在這樣的情形之中，何不嘗試多多少少地退步，這不也是健康的人所擅長的，對新事物的挑戰嗎？

即使同樣身為人類，對於生活上的價值觀若是各不相同的情況，我們也只能夠選擇尊重這些差異。在此我想要再次說明的一點是，當我們和服務對象們接觸時，以支持服務或是教育這些詞語，想要敦促他們、使他們的能力更加進步，時常會變成擅自侵入他們個人領域的情況，以我們所學的知識或資訊所組成的常識評斷他們，「你現在能夠守時了」或是「每餐飯都能夠不再剩下全部都吃完了」，將這些視為他們有所成長了。但是，在我看來，這只是把他們的常規拉進來我們的規則之中，想盡方法要去改變他們，如此一來他們原本的常規又跑去哪裡了呢？會在意這種事情的人應該是非常少數的吧。

尊重他們的常規

一位從出生後不久就一直生活在住宿式機構的十八歲少女住進菖蒲學園了，她一直以來的生活裡，沒有感受過他人的關愛、無法相信別人，因此性格十分扭曲，情緒時常處於不安定的狀態之中。要如何才能讓她的心情感到平和並且能夠幸福的生活呢？

我第一件想到的事是，在感受到造就現在的她所累積的那些歲月是多麼地沉重時，就如同她成長的這十八年，我想做的是和她一起度過另一個十八年。如果沒有這樣的決心，是沒有辦法和她建立起關係的。雖然我總是對於擅自侵入她的個人領域這點抱持著疑問，但是如果不這樣強行進入她的個人領域的話，就沒有辦法進一步的了解那個人。最重要的是，我並不是想要強迫她改變，而是為了要能夠理解她自己的常規，才進入她的個人領域的。

理所當然的，即便我拚命地想要進入她的個人領域，也只是被她大聲謾罵「快滾出去！」、「混蛋！」，一定是因為感受到我們不斷地靠近她的那種壓力，所以正在吶喊著「不要隨便進到我的世界裡來」。

她的這種態度一般來說會被稱為「適應不良行為」或是「問題行為」，因此會想「像是這樣的行為該怎麼去矯正它呢」，試圖去改變她的行為舉止。

但並不應該是這樣的。這種情況下，這種被稱為問題行為的行動本身其實是正確的。為什麼會這麼認為，是因為我們這一方對她加諸了壓力，所以她的反抗是理所當然的。只要能夠理解事情發展的關聯性的話，「所以，會變成這種局面是當然的啊」，就能夠理解對方為什麼會有那樣的反應了。首先，直到對方不再覺得這是一種壓力為止，不要放棄頻繁持續地和她進行多次的對話，從某種意義上來說這是十分需要恆心和毅力的。

試著不要那麼看重社會上的常識，因為他們對於壓力的感受方式是很特殊的，所以只是我們很難去理解他們的這種行為，當漸漸地了解他們為什麼會這麼做，也就會知道應該怎麼去應對了。

依據馬斯洛（A.H. Maslow）的需求層次理論，是在說明人類滿足了生理上的需求後，達成自我實現的各種階段。社會福利的職責在於，努力去實現服務對象想要做的事，換句話說，就是要花時間支持他們、協助他們達到自我實現。我們很難去認同傷害他人或是自殘行為，但是會產生傷害他人或是自殘行為，並不代表是那個人的問題，而應該是關注於引發這種行為的環境和歲月才是問題的根源。如果依循著常識，想要去改變他們，那麼你就會錯失發覺他們的本質、常規以及美好的機會了。

舉例來說，有一位男性園友的母親過世了，他剛剛去參加母親的喪禮回來，職員們很擔心他的狀況，就問他「真是辛苦的一天呀。有沒有發生什麼事情呢？」沒想到他回答道：「我去吃得飽飽的回來了」。他只是將自己最真實感受到的事情直接說了出來，如果對他本人而言覺得「能夠吃這一頓真是太好了」的話，只要說句「這真是太好了呀」就好了，但是關於母親過世這件事，我們如果想要去干預他在喪禮的行為舉止，甚至他的心境，想要教導他「這是一件很令人感到悲傷的事情喔」，那是對一個人應有的尊重嗎？雖然去揣測他的心情是件有意義的事情，但是卻不應該恣意地闖入他的心緒之中。

還有另外一個例子，有一個人即便是知道自己將不久於人世，卻仍然和往常一樣看著漫畫，過世的前一天也只是淡淡地問道：「今天吃什麼？」接著一點也不匆忙慌張，就這樣著實毫不留戀的死去。或許他的腦海中浮現不出一直以來活過的自己，以及接下來將要繼續活著的自己，是不是因為只注視著當下這個現實呢？

不去理解死是什麼，也不識字，表達意志都感到困難的人們，要在這個世上活下去，一定有著許多令他們感到障礙之處，但是為什麼他們所展現的表情是那麼的豐富，臉上又總是充滿了自信呢？

我們不論什麼事情總是能夠馬上去搜尋調查、將資訊入手，依靠著智慧，總是希望得到更多，能夠達成很多的目標。但卻不知道什麼原因總是缺乏自信，一點也不自由，反倒是覺得生活很艱難的人不斷的增加。我們努力想要獲得自由，因爲自由而導致的弊害卻隨之而來。如果這就是我們的真實樣貌，那麼究竟誰才是被障礙纏身的人呢？

聲音表演 otto & orabu 的誕生

為了即將到來的演奏會練習時，在即興演奏中，一名團員咚的敲了一聲結束的太鼓，讓人覺得「應該結束了吧」，所以負責指揮的我就將手臂往上一揮，準備要進行下一首即興曲，就在這個時候，他卻又再一次的咚的敲了一次太鼓。如果是要做正經準確的音樂的話，這種沒有對上拍點又多打了一次的咚咚聲就會被看成是出錯。但是在我們這個樂團裡，這樣的演出是沒有問題的，「來這招呀。既然如此就試試讓鋼琴加入吧」這麼做，只要臨機應變就能夠活用錯拍的那個音，otto & orabu 的音樂就是這樣創作出來的。

以打擊樂器為主的 otto 樂團是於二〇〇一年組成，但因為園友們演奏時的拍子總是不一致，所以這個樂團的特徵就是，演奏時會形成一種很頑強的掉拍的敲擊聲。另一組聲音表演的團體 orabu 在兩年後組成，但他們與其說是合唱團，更像是一個在大聲喊叫的團體。

otto & orabu 的成員是由園友和職員所組成的，從爵士鼓到太鼓，還有鋼琴和小號、吉他，甚至還有甘美朗，最後再加上舞蹈表演以及大聲喊叫的合唱團，成為一個將近三十人的大家庭。

otto 這個名字是取自日文的音（oto）這個字而來，並且他們所演奏的音樂既混亂又慌張，如果要形容的話，這種音樂聽起來就像是會讓人不自覺地喊出哎呦喂呀[2]（ottottoto）的音樂。因此我就取了「otto」這個名字。

而 orabu（おらぶ）是鹿兒島方言中「喊叫」的意思。此團由大約十人的職員組成，在臉上按各自的喜好畫上妝容，演唱會時只要盡情地大聲喊叫即可。

otto 的音樂創作是以遊戲的延伸這種概念來進行，最初負責指揮的我手邊是有樂譜的，雖說是樂譜，但其實只是畫上線和寫了些文字的筆記，因為我自己實際上並看不懂樂譜。即便這樣我還是對著有音樂專業經驗，曾經學過專業音樂教育的職員下了「不要演奏得那麼普通，要展現更加奇怪的表現方式啊！」的指令。結果他露出

2 オットットと 相似於英文中 oops! 的語意。

了十分困惑的表情，反問我「奇怪的表現方式是要怎麼表現啊？」因為他的提問，我這麼回答：「你的演奏完全無法和其他人的音色融合，你要發出一些討人厭的聲音呀」，有時這樣要求他，或是以哼歌的方式，甚至敲打著水桶示範給他看，「就是像這樣」，一邊這麼說著一邊作曲。對於曾經認真學習過音樂的人來說，剛開始一定覺得這種事是很難讓人理解，並且感到非常的困惑吧。

otto & orabu（GOOD NEIGHBORS JAMBOREE 鹿兒島）

他又再一次咚的敲打了一聲。我想著跟上次一樣他還會再敲一聲吧，等了一下，沒想到這次他居然沒有再敲了，這還真是意料之外的脫稿演出。這種讓人無法預測的舉動我將之稱為即興性，也就是即興演奏。若是讓具有高度技巧性的人來即興演奏的話，一定是非常值得一聽的，但是，大部分的時候，往往都聽不了太長的時間，因為我們的五感所追求的只是單純好懂的音色。然而園友們的這種狀況卻是「要怎麼做才能夠走調呢」，但也因為他們沒有強烈的企圖，所以也不會令人感到不愉快，真的是因為出乎意料所以才會覺得充滿趣味性。

otto & orabu 開始活動的契機是，工房菖蒲從那個時候正好開始不設有特定基準，正式採取自由創作的階段，以園友那種令人意想不到的表現手法推廣藝術支持活動。為了能夠充分運用他們的強項，不只局限在製作物品，我們開始企劃，意圖擴展到動態的表演活動，藉此能夠充分運用他們的身體感覺。

一開始我是對於戲劇表演感興趣。平常每天見到的園友們的言行舉止，雖然只是他們日常生活裡的一個場景，但是總讓我感受到好似要脫離常識規範卻又充滿樂趣性。簡單來說，這個活動的方向會是以「日常生活中人們的身體感覺與表達」這樣來形容它吧。仔細觀察他們身體自然的律動，以心靈和身體的表達作為意象，可能只是讓他們拿著掃把，或者只是坐在日式坐墊上，一下向上看一下又向下看，或只是讓他們走來走去，雖然就只是這樣，但是卻能夠讓我們有所省思，這是我最初的想法。的確我光是想想就覺得趣味十足，不過我卻想不出這樣的戲劇表演企劃，若要持續發展下去，在未來還能夠有怎麼樣更有深度的發展。

所以我開始思索，除了戲劇表演之外還有什麼是肢體活動的表現。就在這時突然想起已經組成多年的笛鼓隊。笛鼓隊所做的演奏是以運動會進行時的伴奏作為主要活動，當然演奏時的音樂必須要是整齊的，這種情況之下，當然仍舊必須要被局限於一個框架之中。雖然要求他們「要配合音樂打鼓」，但是仍然是會搶拍掉拍，就是因為有了一個固定的基準存在，所以他們沒有辦法做到所謂好的演奏。

不過，這次並不是為了運動會進行時的伴奏，而是為了想要嘗試某一種新的活動所開始規劃的點子，所以完全沒有想要將決定的曲子做出最完美的演出這種想法。並且我也一點都不想要他們去演奏其他社會福利機構的發表會裡那些常見的曲目，因為我總是覺得在障礙者的音樂發表會上，觀眾所受到的感動並不是音樂本身，而是「雖然患有障礙但卻能夠努力練習演奏出這樣的音樂」，因為背後的這種理由總是讓我的內心感到苦惱。

雖然他們沒有能力演奏出一般的音樂，但是他們所發出的聲響，每個音符本身都刻畫出了全新的節奏，應當是這樣的。只要能夠運用他們的強項，而他們的強項就是創造出不和諧的音樂。如果是這樣，我們應該可以更加積極的運用他們的強項，也就是做出令人出奇不意的進展。當然要演奏的不是既有的曲子，而是嶄新且具原創性的現代音樂，這種全新的音樂靈感來源是由他們那種交錯混亂的演奏之中浮現的。

為了嘗試這個想法是否可行，我讓園友們使用民族樂器演奏，原因在於如此一來不會使用到西洋音樂的音階。因為西洋音樂裡的Do、Re、Mi以及像和弦一般和諧的模式，這些規範都有慣用的音階，所以當發出了偏離音階的突兀聲音時，就會顯得格外的引人注目。要選擇民族樂器的話，我想最適合的就是印度尼西亞或是非洲的木琴、鐵琴以及金杯鼓等打擊樂器，因為沒有固定的音階，不論敲什麼地方聽起來都不會像是不協和音的感覺。

接著試著讓大家實際敲打，但是聽起來就是噪音。因為他們身體也好、腦袋也好，還不知道這麼做的樂趣何在，所以各敲各的一點也不快樂。我確實地感受到自由演奏的困難所在，如果不想辦法提供一些讓他們能夠產生反應的誘發點，就沒有辦法適當地運用這種交錯混亂的節奏。

園友的表達方式，再加上職員的技術和感性，形成了一種全新的表演形式，這是我從工房裡的「配合」所得到的靈感。換句話說，這是和在木工工房裡用被雕出像刮痕一樣裝飾的木板做成淺盆那時相同的想法。一面播放著不協和音的現代音樂CD，一面讓他們敲打樂器，這麼一來即便

鐵桶鼓（otto & orabu）

是變調的聲音也不會走調，不知道是不是因為他們出自本能的音感就與現代音樂類似，偶然地發展出來的節奏、音階、和弦，開始充滿了趣味性。

能夠產生共鳴卻不協調的聲音確實存在

我們的日常生活中被許多聲音所圍繞著。

對於聲音的了解是，藉由空氣的震動讓鼓膜也跟著震動，再利用鼓膜的震動使腦內特定的細胞產生共振的結果。而音樂是由人類所組構的聲音，利用聲音各式各樣特有的性質，再將其配合時間的流逝，用聲音來表現出自己的感情以及思想。由於是十分複雜的震動方式，所以共振的腦細胞也是需要各種各樣的，和負責管理著感情、記憶以及印象的細胞也會發生「共鳴」。這些細胞大多是屬於右腦的，另外也能刺激位於腦部最深處管理本能的細胞，使其活動。所以當你聽音樂的時候，特定的腦細胞會對聲音的頻率產生反應，發生「共鳴」。雖然聲音並沒有感情，但是當聽者管理愉悅的感情細胞對聲音產生反應時，那種聲音就會被認為是一種令人愉快的音樂。

不過，人們出生成長時的環境不同，在這個過程中所體驗過的聲響、音樂、情境、發生過的事情等，都隱藏在我們各不相同的記憶裡，因此即便自己沒有那種意圖，但我們的右腦會對音樂自動產生反應，根據產生共鳴的細胞不同，造成我們即便聽到相同的聲音，領會的方式卻不盡相同，所以音樂的喜好就會因人而異。對有些人來說，那是令人感到愉悅的音樂，但是同樣的東西，對另外一些人來說，不管怎麼聽都只是噪音，這種情況也會發生。相反的，當身心都感受到「共鳴」時，即便增加功率，耳朵也不會覺得痛，對聽者來說這可能就是「能夠喚醒本能的音樂」，能夠傳達一種無法用言語表達，卻動人心弦的力量。

一般來說，音樂演奏能力當然是越優秀越好，為了要表達或是傳達什麼的時候，不論是「不協調」或是「交錯混亂」都不被青睞。但是我不禁想問：「整齊劃一真的都會是美好的事情嗎？所謂的優秀究竟指的是什麼呢？」，在可見的世界裡，實際上還存在著許多我們所看不見的其他可能性。

只要改變我們看事物的觀點，將會發現不整齊的趣味在於，你可以把每一個人的獨特性視為個性以及活力，讓它們全部釋放出來，並在他人面前展示這種充滿衝擊刺激的一面。反倒是，越是過分的一致越容易讓人們逐漸失去人性，otto 的聲音背後，潛藏著演奏者腦內的頻率，充滿人性的「不協調的聲音」將觀眾的知覺融合在一起的那個瞬間，演奏者和觀眾互相對對方著迷，這個瞬間兩者之間的感動也能夠同步，這種狀態就是我們所期待的「共鳴」。說不定這就是他們一邊在玩耍，卻又能一邊堅強地守護著這種「交錯混亂」的方式。

園友和職員同時存在才成立的音樂

一開始的時候大家是隨著 CD 播放的音樂做出反應來演奏的，但是後來因為學過音樂的職員們各自帶著自己所擅長的樂器加入，使得 otto 一步步的逐漸進化。綜合園友們獨特的演奏，加上我對於演奏曲所訂定的創作概念，以鍵盤現場演奏的音色取代了 CD 播放的音樂，同時也構成了演奏的中心。

和 nui project 相同，剛開始即是要他們「可以按照自己喜歡的方式演奏喔」，但是沒有範本參考讓他們感到困惑，覺得有所顧慮，過了一陣子，當他們了解到真的可以隨心所欲時，就開始展現出自己的特色了。otto 樂團在練習時也發生了同樣的情況，即便是進入演奏休止的部分，還是會有人冷不防的突然開始演奏，到了該休止的部分卻不停下來，這種交錯混亂的音樂卻漸漸地變得讓人感到期待。

就這樣在他們此起彼落的音符之間，職員們所演奏的小號還有爵士鼓清楚明快的切入其中，編織出旋律。職員是以「該在哪個時機點才能自然帥氣地加入演奏呢」的想法演奏著，和園友們那種自由的演奏方式，雖然在不同的層面，但都是具有意識的反應。由協調之下產生了不協調的關係性實在是十分的有趣，這就像是園友和職員利用各自不同的感受，一同創作出來的全新音樂。

不管是音樂的創作方式，或者是現場演奏會也罷，如果少了他們的偏差，就不可能創造出這種有趣的音樂了。另外若是少了我們這些職員，只有他們也很難做到。所以不論是少了哪一邊，都會讓表演缺乏衝擊性，我們彼此之間的關係性就是

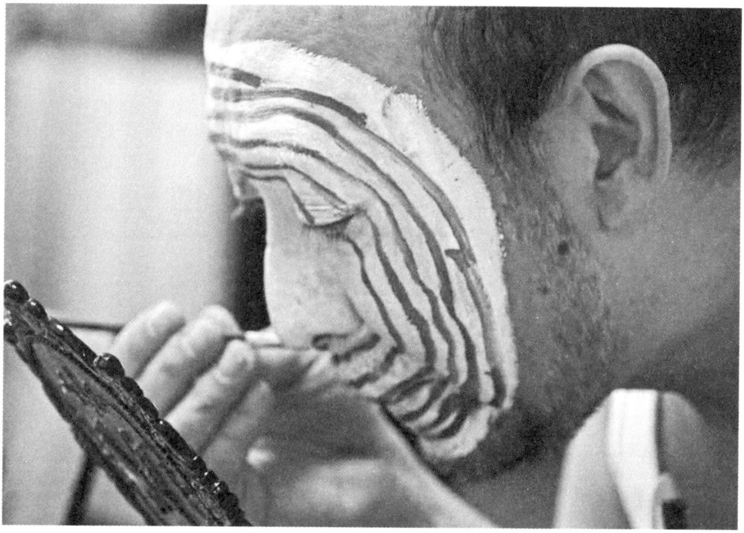

orabu舞台妝（otto & orabu）

造就足以撼動人心的音樂的最大關鍵吧。

因此在二〇一二年「龐畢度（ポンピドゥ，Pompidou）」這首曲子，被服裝品牌「niko and...」採用作為廣告曲的時候，並不是因為我們是社會福利機構裡的樂團而被選中，而是發自內心的認為我們是一個一般的樂團，並且喜歡我們的音樂，還得到了「雖然搞不清楚是什麼又有點詭異的感覺，不過卻很有意思」這樣的感想，讓我倍感欣喜。

試著毫不保留的展現出自己

在快要正式開演前，有一位 orabu 所屬的職員成員面色緊張。站在群眾面前大喊大叫，這種不尋常的表演，還要對著不認識的人把自己毫不保留的展現出來，要做這種事的時候當然有人會感到害怕。

沒想到園友紛紛對他說「加油呀」、「就和平常一樣就好了」。演奏會開演之前，雖然還是存在個人差異，但當然都會感到緊張，不過大多數的園友相較於職員顯得更能保持平常心，和平常沒什麼兩樣，因為在他們心裡沒有所謂的成功或失敗。因此，不論在哪裡表演都跟平常一樣，能夠做到和練習時一樣只是單純地在敲著太鼓。而對職員來說，因為有著必須要讓演出成功這樣的目的存在，所以比起自己享受演出的過程，更在意周圍的評語。職員也好、園友也是，他們都得到了這個機會，能夠親身見證對方最毫不矯飾的姿態，這也包含了剛才所述的是否保有平常心的差異。

此外，orabu這個團體的成員不只有園友，還有職員的加入，大家都嘗試著開始毫不保留的展現出自己。園友們自身的舉動總是被其他人觀察著，不只是身旁的事，甚至連個人隱私的事也是，對於擅長的事也罷，但就連做不擅長、不喜歡的事情時也是，不論做什麼全部都被攤在眾人面前。當然這都是為了要照護他們，所以當事人的興趣、習慣甚至於情緒，對於負責照護的一方來說都是必須要確實掌握的資訊。而職員們如果也藉著面對人群大聲喊叫，儘管都不擅長於音樂演奏或歌唱表演，不過只要能夠將自己的全部攤在其他人面前，展現「這個樣子就是最真實的自己呀」，這種嘗試或許能夠成為一個充滿正向想法的起點，如此一來多少就能夠更加接近對方的心情了，甚至還能發現全新的自己也說不定。

因為有的人不會樂器，所以就讓他們發出聲音就好了，雖然如此，但是畢竟是要表演給觀眾看的，總不能拿出上不了檯面的內容。不過若是和otto合演的話，即便是合唱團也不用追求音準或是拍準，歌唱技術不太好也沒關係。重點是要怎麼做，才能唱出雖然歌唱技術不好，但是卻會讓別人想要聽的歌呢？因此決定讓大家試著大聲地喊叫。

不論是誰都能夠喊叫的，這裡先不管是不是能夠順利地發出很大的聲音喊叫。因爲不用去和其他人做比較，即使是聲音很小的人，只要是用自己的方式發聲，盡自己的能力做到最好就可以了。只要這麼做，一定能夠讓其他人感受到那個人的能量，被要求來參加 orabu 的職員剛開始覺得很倒楣，為什麼要叫他們做這種事情，因為大部分的人都沒有想像過自己有一天會在舞台上表演，這一定讓他們感到十分的倉皇失措吧。

雖然說只是從喉嚨發出聲音，有的職員所發出的聲音也不盡然會成為悅耳的音符，但是每個人的聲音都展現了那個人的生存方式，其中也存在著和音樂不同的趣味性。然而雖然想著「不用唱得很好也沒關係」，不過團裡果然還是有唱得很好的人，所以即便是只要發出「屬於自己的聲音」，一般人卻也會想像著「要是沒有辦法順利發出聲音的話該怎麼辦才好」，結果就緊張得動彈不得。

因為被「如果不這樣做的話就不行」或是「應該要這樣」這些想法束縛，擅自地感到周圍對自己的期待，又因為先入為主的觀念，認為如果不拿出好成績是不行的，如此一來根本無法享受表演的樂趣，整個人變得膽怯緊張，這是因為無視「自己的期望與練習至今能夠做到的程度」有著差距存在，總是不自覺地預想著自己能夠達到超出自身能力所及的結果。

在 orabu 裡很重視的事是，盡力而為、放棄成功、不要去縝密的算計規劃、不要找藉口、不要在意周圍的人，最後就是所有的目的都只為了自己本身。藉由觀察園友，我們能夠了解到，他們是因為雕鑿木頭能夠讓他們感到快樂才雕的，因為畫畫能夠讓他們感到快樂才畫的，因為刺繡能夠讓他們感到快樂才繡的，因為堆疊能夠讓他們感到快樂才堆的，因為唱歌能夠讓他們感到快樂才唱的，因為把土搓揉成圓形能夠讓他們感到快樂才揉的，因為把布縫成牢牢的一團能夠讓他們感到快樂才縫的。沒錯，不管做什麼事情都是「因為能讓自己感到快樂」才做的，這一點我想要向他們看齊。

只要彼此互相認同每個人的多元化，就沒有必要將「如果不這樣做的話就不行」這種充滿個人價值觀的想法強行加諸於他人身上，也能夠從想要導正他人的責任感中解放，健全的人可以藉著毫不保留的展現自己，體會拋開束縛的感覺，享受盡情演奏的愉悅。如果我們能夠挑戰現場盡情演奏，園友們也就會真誠的回應我們，從此而生的欣喜或許和我們的感情有所不同，但是我們依然可以分享彼此的喜悅。

拍子抓不準、音準也不準，走調的曲子應當是成不了名作的音符，一點也不嚴謹、演奏得一點也不好，但是感動卻強勢地朝著大家席捲而來。有人問，這個也是音樂嗎？我答道，這個是聲音，只是單純的聲音，只存在於這個瞬間這個地點的聲音遊戲。一組超級素人樂團 otto & orabu 所演奏的「能夠產生共鳴卻不協調的聲音」，轉眼之間成立至今已經過了二十年了。

環境中的暗示性

構成自然環境的聲音、空氣、水、陽光、風，雖然時常不被注意，但卻影響著我們的生活方式。在我年輕的時候，對這個放眼望去都是自然景色的家鄉感到煩悶無趣，相較之下，在東京的生活快樂多了。在都市的喧囂刺激之下，讓我從中感到了安心以及趣味性，而這些卻又麻痺了我的五感，遲鈍了對於像是水或是陽光這些大自然的感受。鄉間和都市的異同並沒有所謂的好壞，只是人們感到快樂的事情會隨著人生所處的階段而有所不同。

我們不僅能夠自然地察覺身邊所發生的事情，還會隱藏感到不愉快的情緒，計算得失並加以控制自己的心緒。但障礙者們做不到這種事，假設他們能夠理解我們的想法，不知道會不會認為像我們這樣運用腦袋算計，抑制自己的情緒，是多麼違背常理的行為？他們感受事物的方式，比起我們更加地接近自然。

菖蒲學園的白天是非常熱鬧歡騰的，雖然郊區的住宅開發持續進行，但還是和都市非常的不同。大家發出的聲音和舉動，水池閃耀著陽光伴隨著蛙鳴，學園內飼養的驢子的嘶叫聲，樹木隨風搖曳透露出安穩的活力。到了夜晚，生物的氣息逐漸安靜了下來。人類伴隨著自然的運行而生，在此之中社會就顯得是一種突兀的存在，如何才能活得具有人性，我們究竟應該是要依循著自然的規則，或者是應該要融入社會的規範之中呢？這個問題一直盤旋在我的腦海之中。

學園裡有一個水池，池裡有許多稻田魚自然繁衍著，每當到了蓮花盛開的時候，特別讓人感到季節的變化，不僅僅是清涼優雅，身心都被療癒了，只要看著水池各種各樣的感覺就會紛紛襲來。

庭園中的水池，塑造了菖蒲學園的環境

有一位園友，看到水池時產生的情緒好像和我們普通人有所不同，她總是用手掌拍打著池水，讓它發出啪嗒啪嗒的聲音，從來都玩不膩。對她來說池子是一個讓她的手掌可以和池水相互嬉戲的地方，其中只有水面才是她認為必要的部分，或許是因為觸碰水面時的觸感，或是手掌拍打水面所發出的聲音，讓她感受到了些什麼。

要說我們會有哪一種感受的話，當看到庭園裡的水池時，會認為它是代表著大自然的涼爽以及優美的存在，不過仔細觀察她，我開始發覺像她這樣才是切切實實地以自己的方式體會。我們大多數是因為自己所受到的教育，以及曾經接收過的資訊，所以才會得到「當欣賞水池時，會讓你感受到優美和涼爽」這樣的結論也說不定。但是她卻以自己親身的體會，完全忽視那些道理和資訊。

有一個心理理論叫作預設用途（affordance），所有的外在環境都具有引導或是限制我們動作或舉止的功能，以各種方式給予我們影響，而描述這種狀態的英文是用 afford＝「能做到～」、「給予～」這個字，在這個 afford 的環境和訊息以及行為的相互作用下，因此取名為 affordance 理論。預設用途是由知覺心理學家詹姆斯・傑爾姆・吉布森（James Jerome Gibson）所造的複合詞，通過感覺器官（五感）所接收到的外來刺激，依照自身的價值判斷為基準，下意識的將這些被賦予的意義從環境之中找了出來。由吉布森的理論來看，任何人都可以共享的知覺資訊，是在環境中構成的。

如果門上裝了手把，暗示著這扇門是以拉的方式打開，或者是公園裡若擺放了長椅暗示著可以坐下休息，在我們所處的空間之中充滿了預設用途，在在都誘導著我們去做某些舉動，人們一直被環境之中的所有東西暗示著，這就是我們的生活方式。

從這個角度來想像的話，她橫躺在池邊用手掌啪嗒啪嗒地拍打水面的這個舉動，就是因為受到池水的暗示所產生的反應，只要這麼想，水池就不再只是我們常識之中所理解的水池，可以有更多其他的可能性。可以成為讓她感到舒適愜意的媒介，而這對她而言就是水池的存在意義。即便是在學園如此受限的環境之中，環境和人們仍然在很多方面相互影響著，這種影響是非比尋常的存在於世上。要能夠看出這一點，必須要時時思考著人們生活的環境，這實在是一件十分有意思的事情，預設用途是由那個人的價值觀以及經驗等等深化而來的，我也能夠理解如果當你太過深入其中，這種暗示之下的反應就會成為習慣，或者是變得執著。因此，替他們準備適合他們、不同於一般的環境是一件很重要的事。

由用手掌啪嗒啪嗒地拍著水面這件事，若是能夠看出那是因為她感受到環境的預設用途所產生的反應，而職員們能夠對她的這個反應產生共鳴的話，或許就能夠發覺她的這個行爲背後的原由也說不定。這不只是和大家認知的具有普遍性的預設用途不同，而是因為園友本身的喜好所產生特別的暗示環境。如果我們能夠預先了解這點，並事先替他們準備好適當的環境，那麼他們就能夠生活得更加輕鬆愜意了，因為我認為「每個人的個性」都只能夠是自由發展出來的。在我們不知不覺中，那些隨機應變的想法還有自己的價值觀，是不是都過於簡單的以人本主義這樣的思想去加諸於其他人身上呢？試著去想想所有人的舉動背後究竟代表著什麼意思，包含用常識亦沒有辦法理解的事情也是，就算和我們所處的現實有所不同，我們也要接受那就是他們「當事人的世界」，最重要的是沒有必要以強迫的方式將他們拉進「我們的現實世界」之中。

患有障礙而沒有辦法用言語表達自己的人們，因為他們的內在感情等等其實十分的成熟豐富，所以我們必須要協助他們，成為他們內心的世界和外在社會之間的橋梁。為了做到這點，「等待、觀察、傾聽」就成了建立彼此之間信賴關係最重要不可欠缺的事情。福利機構是少數可以為了那些站在社會所不認同的情感邊緣上的人們，創造出他們專屬的預設用途，並且能夠守護著他們為數不多的地方，這對他們來說也是必要的地方。替他們準備特殊的預設用途，也是身為職員的我們的職責之一。

他們最幸福的時間和場所

園友們所擁有的感性和感官，彷彿打從一出生就和我們完全不同。看著他們，我每天都能夠發現可以應證這點的事實。在這之中，該如何創造出適合每一個具有不同個性的人能夠舒適的生活空間？譬如說，學園內的道路以及建築物都建造得平緩且充滿曲線，有其背後的意義，很多的福利機構都將路鋪得像是學校或是醫院那樣的筆直，因為這麼一來就能夠清楚的看見什麼地方有人出沒，在管理上比較方便。

而菖蒲學園裡的道路都是彎彎曲曲的，且周圍也種植了很多的樹木，因此很難發現人的行蹤，對於園友們來說很容易躲藏，即便要約會的話也很有隱私感。畢竟住在這裡的人是他們，所以不容易被職員看到也正好，這樣的設計就是為了讓園友們的情緒能夠安定所做的重要顧慮。

發出很大的聲響也好，就算是不穿衣服也罷，想要玩水也可以，只是想靜靜地坐著也沒問題。如果是身處於外面世界的話，有著太多他們無法理解的規範，若是將這裡打造成一個能夠配合他們特殊的感受性，讓他們自由生活的地方，這裡會是個多麼幸福的場所呀！

障礙者支持服務機構的功用，一般是以「復健」這個成分為重，也就是以能夠融入社會為目的，簡單來說，即是爲了能夠在社會上順利生活所做的訓練，以及對他們的支持。那麼我想問，究竟要到什麼時候，他們才可以順利的在普通社會中生活下去呢？比起不確定的未來，不如在這裡建立一個不用遵守一般社會規範的機構，並且適合他們現在的生活，創造一個即便是做了不被社會規範認同的事情也能夠被接受的空間，這麼做不是能夠讓他們過著更接近幸福的生活嗎？

新的社會福利觀點，正在朝著「社會包容」這個方向發展。它的概念和人權、信條、性別、年齡、性取向、身心障礙這些都無關，而是不論什麼人都能夠擁有區域的主導權。不只是患有障礙的人，願意去配合每一個人對於自由的需求，是一個具有包容力的社會。將每一個人在社會上個別會遇到的障礙物盡可能的減少，這是一種社會的型態，為了使每一個人都能夠達到自我實現，從全面的視角來觀察，現在存在著什麼樣不利於大家的地方，再由這個觀點建構能夠支持我們的環境（社會）的一種想法。

如果我們要讓包容性社會確實存在的話，必須要做到一件很重要的事情，那就是「絕對尊重每個人的自主性」，而不是僅憑著支持服務的根源，也就是僅藉著能力的開發以及訓練來達到他們的社會化，這是謹守職責就能夠做到的。應該是遵從他們最真實的希望以及欲求，尤其是對患有重度障礙的人來說，想要要求他們舉止合宜，不如提供他們能夠以具有自主性的自由表達為優先的支持服務，這才是打造包容性社會的捷徑。社會福利機構身為創造「能夠接收正面影響的環境」的一方，所以我們要藉著行為以及空間的設計，將他們特殊的能量引導至社會上，是不可或缺的事情。

為了能夠達到這個目標，在我的想法裡，必須要做到重要的七個條件，以及兩種方法，如下列所示：

【七個條件】

1. 尊重每個人的行為有所異同的價值觀的環境

2. 能夠發揮自身潛能的環境
3. 重視時間能量的環境
4. 重視每一個人的能量的環境
5. 能夠安心自在地交流的環境
6. 舒適宜人的自然環境
7. 充滿豐富感性的環境

【兩種方法】

1. 將患有智能障礙的人的強項納入社會制度之中
2. 從社會制度之中削減一般人的弱項

由以上的內容可以看出，包容性社會是一個不將人們用「障礙者」等標籤加以區別、無論面對任何人都以正向樂觀的方式看待，並且重視努力去理解每一個人內在價值的這個過程的環境。

職員才能的覺醒

學園內幾乎所有的員工都不是剛畢業的社會新鮮人，且其中很少有人具有社會福利服務的經驗，我們也沒有聘用的條件，總之就請他們來面試，如果感覺合得來的話就錄取了。現在在學園裡工作的職員們，包含兼職人員約有一百二十人左右，大家之前從事過的行業各有不同、業種繁多。

以前，如果工作內容是負責工房裡的作業，無論如何都會將學習工藝技術視為最優先的目標。我以前會這麼跟他們說：「請你成為一個被問到『你所做的作品是哪個？』能夠自豪的向他人展示並回答『就是這個』的員工」。因此即使是本來負責照護或是支持服務的職員，如果被分派到了木工部門，學會怎麼製作家具就成了正式指派的工作了，如此一來，真正開始製作物品時，職員們就不得不認真面對什麼都做不到的自己。

因為是工作，所以沒辦法推託才開始製作物品，不管是誰都會倍感壓力，對完全沒有經驗的初學者來說，先不說品質，如果做個三年，還是能夠做出像桌子或是小椅子這種基本外型的家具。如同前面所提到，職員相對於園友那種不具目的性的物品製作方式，是完全相反的，他們做事都有目的，並且追求著工作效率。而製作物品的優點就在於，如果要說只靠自己能夠做出什麼樣的物品，這確實是和製作者的自信心相關。

在學園裡有麵包店「Pompidou」、蕎麥麵店「凡太」以及咖啡廳「Otafuku」，在這裡工作的員工也和工藝部門相同，大家以前的工作也都是形形色色。蕎麥麵店開業於二〇一一年，我之所以詢問了以照護工作應徵進來的職員「你要被調離現職了，想試試看新的工作內容嗎？」那是因為我覺得他是個很有毅力的人。不用說要他去揉蕎麥麵團了，在這之前他連做菜的經驗都沒有。但是經過不到半年的特訓，總算讓他練就足以開店的技術，而現在接手的職員雖然也沒有做蕎麥麵的經驗，仍舊可以做出好吃的蕎麥麵。所以即便一開始的契機是被迫的，只要產生了動機就一定可以做得到。

原本從事的工作和社會福利完全沒有關係的人們來到這裡，應該完全沒有料想到，居然會在這裡開始做起從未經歷過的飲食業，甚至還讓連自己都不曾發現的才能覺醒了。這對我來說是除了提供障礙者支持服務以外的另一項重要工作——發掘人才。由於每個人本身所擁有的能力都不同，所以發展的方向也不會是相同的，讓大家嘗試去做一些適合自己能力的事情，這同時也是菖蒲學園在製作物品上的想法，這一點不只是對園友們，也同樣適用在職員們身上。

我認為在每一個人的內在深處還潛藏了非常多的能力，說到底，不論什麼人都是有才能的，只是我們有沒有機會發現它而已。

每當和其他人做比較，就會不自覺的想：「和那個人相比之下我……」如此擅自地評論起自己來，如此一來，就會蒙蔽了自己的雙眼，看不清自己能夠做到哪些事情，並在意著周圍的評價，因為智能的優劣是可以被比較的，所以更讓我們看不見自己有那些被隱藏起來的能力。

不管是被叫作障礙者還是被叫作健全的人，總歸只要準備好適合的途徑，人們就會自然的向前邁進。以職員來說，因為那是正式指派的工作，所以他們一方面會展現出「我想試試看」的意思，另一方面卻又會產生「究竟我做得到嗎」這樣的壓力，就在這兩種情緒之間搖擺。不論他們的動機為何，只要開始向著某個目標前進、開始著手動作，接著只要引起了他們的興趣，並試著去做，做著做著漸漸地就能夠做得到了。雖然可能還不成氣候，沒有辦法隨心所欲，但是只要能夠讓自己感到滿足的話，那就是隱藏在自己身上的才能了。

試著將雙手展開至一百八十度

每一個人能夠發揮的能力各有不同，有的人雖然不擅長製作物品，但卻很擅長照護的工作，也有正好相反的人。做出來的成品也會隨著製作的人不同，而使得作品的水準有所不同，正如同「機構如人也」這句話的意思一樣。

菖蒲學園裡的蕎麥麵屋所做的蕎麥麵，粗細是以一．三公釐為基準，但是隨著製作蕎麥麵的人不同，做出來的麵條會微妙的變粗，現在店裡的蕎麥麵變成是一．五公釐，我開始思考，寬度變成了一．五公釐的蕎麥麵，根本沒辦法和其他店家比拚，雖然對於職人的世界有所嚮往，但因為是我們這些超級門外漢所做的麵條，如果不把容許範圍擴大，我們的店就沒有辦法繼續營業了。

企業是因為有營收才使得員工對企業產生向心力。現在社會福利機構也以這個理念為中心，接受財務顧問的指導，聽從他們的經營管理理念，變得使用和企業一樣的手法來改善機構營收以及支持服務。每年的目標總是訂得比前一年更高，如果達不到就得不到好的評價，沒有什麼特殊的理由就不能調降品質或是內容量。即便是以商業的觀點來形容，在社會福利這個領域，再怎麼樣也不能夠將服務的品質壓低的吧。

但是我開始這麼想，參與工作的人如果改變了，也是很有可能會影響到服務，讓品質變差。「每個人都不一樣，每一個人都很棒」我開始認同這句話，換句話說，如果不完美是人性的根源，那麼改變正是人們發展的中心思想。

製作蕎麥麵（攝於凡太）

舉例來說，換人做蕎麥麵的話，麵的味道就會隨之改變，因為我們尊重職員每個人的個性，所以理所當然會發生這樣的事情。每個人能力所及的情形不同，所以造就了可以達到的技術也不同，因此會產生品質上的差異，但是，我們可以將之想像為河流的河寬變化一般，或許也有人會說河寬變化是一種不安定的狀態，可是我卻想將它視為一種不知道之後會往哪個方向改變的可能性。我會這麼說，是因為當個人的努力與能力和目標沒有辦法一致的情況下，如果將目標向下修正，然後能對自己全力以赴之後所得到的結果感到滿足，我認為這種狀態還比較能夠讓人感到幸福。

會願意把目標向下修正的經營者應該是為數不多的，但是如果能夠讓員工各自的能力得以發揮，這確實可以稱之為個性。話雖這麼說，只要是我們在經營這個名為學園的組織的一天，並不能只用一句「每個人都各有不同」來帶過，這也讓我不斷地重新思考，所謂的個性究竟代表著什麼意義。

有些人透過菖蒲學園的工藝創作、紀錄片以及 otto & orabu 的現場表演等等的媒體資訊傳播，因而受到我們的「思想」啟發，他們甚至會從外縣市來到學園應徵工作，尤其是最近這段時間，這樣的人越來越多。在此同時，當然也有許多人並不是因為有什麼特殊的理由而選擇到來菖蒲學園應徵工作，他們只是單純的看到招募訊息而來。身為經營者，雖然我也希望自己的員工對於自己的工作方式包含理想，但是這種情況之下，每當我想要將自己的想法化為行動時，總是會遭到反對，接著我就會試著去改變對方。在經過我多年的經歷之後，漸漸地明白了一件事，大體上，一個人要去改變另一個人，幾乎是不可能的事情。如果要強迫職員接受我狹隘的思考，並且遵循我的指揮，這麼一來，同意我做法的人只會越來越少，而且會變成是在互相折磨而已。

如果是這樣的話，只要將我的思考模式擴大就好了，雖然沒有辦法做到面面俱到，但是只要將雙手展開至一百八十度，對於大部分的人來說，即便不一定能夠達成共識，卻能夠讓對方漸漸地理解我。也就是說，讓自己的想法變得更加開放，「這個說不定也可行呢」，只要這麼想，能夠理解自己的人在一瞬之間就會增加了呢。

不是變得圓融而是變得更有稜有角

人類究竟是因為什麼理由誕生於這個世界上，雖然我們完全沒有任何頭緒，但我們也只能夠以自己現有的生存方式繼續活著。當我們從這個角度看世界以及我們人類時，能夠包容的事物就越來越多，但絕對不是因為自己變得圓融了。

現在的我，十分頑強努力地接納和自己不同意見或是合不來的人，以前的我給人的印象就如同前述那般「讓人不敢主動搭話，令人望之生畏」，但是或許當時的自己相較於現在，在某些地方是比較圓融的也說不定。為什麼我會這麼認為呢？那是因為在面對想法不同的職員時，當時的自己會努力尋找兩人之間的共通點，努力地想要取得共識，很希望對方能夠理解自己的想法，想要和對方共享感受，凡事都想要圓滿的解決。

但是，我漸漸改變了想法，即使彼此之間沒有辦法將感受共享，仍然能夠一同圓滿地完成工作。

即便對方是以「那樣做不好吧」的態度相對，我還是會以「你想法和我不同啊，原來如此，你是這麼認為的呀」，來理解我們之間在想法上的差異。想要圓滿的解決事情，其實並不是靠著共享雙方的感受，而是要將雙方那些稜稜角角的想法整齊的排列在一起，只要這麼做，就能夠讓對方理解我們之間的「不同」了吧。所以現在的我不能說是變圓融了，應該說我變得更加的有稜有角，幾乎是快要變成一個四角形了。但也開始發現到，當我在聆聽其他意見的時候，能夠幫助自己將想法更加擴展。我發現，吸收他人的想法遠比讓別人贊同自己的想法，更能夠創造出有趣的事情，這讓我切實地體會到「人們擁有各式各樣的價值觀，並以此為中心活著」。

菖蒲學園裡也存在著擁有各種不同想法的職員們，有的人熱衷於社會福利事務，也會想和園友們之間建立起深厚的感情，這樣的人在照護上格外細心，只是當一個人越是熱衷，就越容易轉變為頑固的態度，甚至也可能變成家長式作風，導致園友和職員之間的關係扭曲，雙方相處時容易變得過於激動，如此一來就很難和對方保持適當的距離。當這種情況發生時，他們總是會不自覺的用著比別人都還要強勢的態度發言。

有一位在面試時說著「請一定要錄取我」、動機強烈的新人，他是從電影以及媒體得知菖蒲學園的。他說話的方式並不會讓人感到很明顯的壓迫感，但是有時他的話語仍然飄蕩著一種像是「壓迫感」的氣氛，用著會使人感到冷淡又高壓的態度與人互動，這些都讓我感到十分困惑，因為這些都和我當初錄取他時所期望的不同。我本以為在這個學園裡，理所當然的缺乏同理心以及敏感的行為舉動，早已經都被排除，不會出現，但是並不是全體職員都是如此的，在實際工作的第一線上「內在和外在是不同的」，這有時會讓我感到學園這個地方果然還是個封閉性的空間。

這是和每一位職員的思想有關連的話題，是一個涉及非常曖昧但卻非常重要的領域，即便是在手冊上要求著「不這樣做的話就不行」，也不能讓職員的意志輕易地改變，沒有辦法將所有人的想法都統合成為相同的一個。因此，現在就將那樣的課題以「溫柔」一詞取代，我想要和職員們一同思索、尋求最佳的解答。

由一般的人們所打造的一般的地方

在日本，同質性的想法、流行和表達都已經成為共通的常識，異文化、少數派或是與他人不同的想法，鮮少會被接納。因為如此，可以發現我們雖然有著很好的協調性，但獨創性卻較差，比起保有堅定的自我，反倒是會下意識的團體行動，彷彿就像是暗地裡在尋求著想要變得麻木一樣。當我們重視協調性時，會去贊同他人的看法而忽略自己真正的想法，變得傾向協力合作，為了要能夠順利的成為團體之中的一分子，必須不能太過於主張自己的想法。

但是獨創性需要表達自己的想法，當與其他人的意見和想法相左，在互相尊重的同時，自然會孕育出一個「和諧」的位置。隨著我們擴大自身的價值觀以及包容性，這樣的空間讓大家能夠自在的待著，也不會發生爭執，應該是能夠變得更幸福的。

包含障礙者還有職員在內，在這裡有許多的「一般」的人聚集在一起，擁有各種不同價值觀的人們互相對對方提出意見、一同工作。和自己想法不同的人，換句話說，要是能夠讓處於自己框架之外的人發揮出他們的能力，那麼就能夠孕育出連自己也料想不到，並且在自己的世界裡從來都不曾見過的新想法。判斷什麼是正確的，這是會隨著人的價值觀的廣度而變化，「人們都應保有尊嚴，每一個人都別有風趣」當我們能夠這麼想，不論是誰就都可以自然地感到輕鬆自在，這時就能夠打造出一個讓「每一個人都感到自在」的地方。

究竟我們說「人們要以自己的方式生活」指的是怎麼一回事？不論是否患有障礙，就因為我們活在世上，本來就不會事事都如自己的意，而為了要解決這些問題，人們之間就會互相交流往來，參與彼此的生活。

村上春樹曾寫過一段話，「我們每一個人都懷抱著身心上的病痛，基本上這就是我所認知的世界觀。我們所有的人都是為了尋求治癒自身的病痛而活著，在大多數的情況之下，當你想要得到某個人的治癒時，你就也必須要去治癒某個人，我們就是從這種交換行為之中獲得自己『活著』的切實感受。」

社會說穿了就是很多人聚集的地方，所以我們一定要互相認同、理解彼此的多元化以及尊重自由的想法和思想，我認為「若不這麼做的話不行」是一種個人的價值和概念，如果只是針對自己的要求還好說，但是不能夠強加於其他人身上。

要如何做才能夠變成溫柔的人呢，我們可以明確的知道，人們並不會只浸淫於單一的想法之中，相反的，只要能夠做到互相徹底的認同對方的想法，在這種尊重多元化的心理環境之下，或許還可以將人們的能力還有全人觀都激發出來也說不定，而如果這樣的能力繼續發展成為「慈愛溫柔」的話，期許我們能夠成為一個可以接受更多的變化、慈愛溫柔的學園。

キョウシゴト 100点
カリヤ リョウタ
エノモト サヤカ
ミゾノウエ マサタカ
ワキクロマル マナブ
コウズマ ユウイチ
コオリヤマ ヨシカズ
ハマダ ミキオ
アリカワ ルリコ
クロダ カズオ
オナガ ノブコ
サカシタ リエコ
ノベトキ ケイスケ
イシノ ケイスケ
カナマル ノリヒデ
台ロヤ マサヨ
マックボ ジロウ
ナカムラ テッペイ
セキ ナオツグ
カリヤ ショウヘイ
ナカタ マミ
マルノ ユウサク
ヨシモリ コウセイ
スミタニ タダシ

Chapter

4

人生於世、活於世

時代的變遷與看不見的世界

最近這幾年，來參訪菖蒲學園的情侶、帶小孩的家庭團體，還有觀光客變得越來越多了。三十年以前，做夢也沒想到這個地方居然會變成一個約會聖地，那時沒有人會認為社會福利機構是一個可以提供外人遊玩參訪的場所，在那個年代，這簡直就是不可思議的事情。演變至今，大家都能夠在我們開放空間的咖啡廳裡聚餐，或在藝廊選購工藝品，還有帶小朋友來玩的家長，一家人也可以和園裡飼養的驢子和羊一起拍張紀念照，每個人都以各自的方式享受著參訪學園的時光。

園裡也收到了許多前來參訪的人們對我們說「好安心」、「心情都輕鬆了起來」的感想。或許這裡也成為對喧囂都市感到疲累的人們的一個休憩場所了吧，如果這裡成為一個能夠讓人喘口氣休息一下的地方，真的是一件令人十分開心的事情。

每個人都想要過得幸福。但是，如果只是將悲傷和痛苦這樣的情感消除的話，並不會讓人覺得幸福。當一個人總是幸福的，那麼他就很難去了解幸福究竟是什麼，就是因為經歷過令人傷心難過的事，所以才知道什麼是幸福。喜怒哀樂是搖擺不定、時常相互感染的情緒，不該是讓人拘泥於追求之物。

「每當來到菖蒲學園，我就能夠感到輕鬆舒適、十分的安心」，為什麼來到這裡的人們會這麼對我們說呢？園內蒼翠的樹木還有大家的表情，乍看之下好像是一個安穩祥和的空間，但其實或許是因為，這裡隨時都無條件的接受著每一刻都正在發生的變化吧！如果這一點也同時傳達給來訪的人們，我一定會感到更加開心的。即便是在這裡大聲喊叫也無所謂，想哭的話就放聲大哭也沒關係，做不到的事情就不去做它也很好，這裡和社會上的其他地方不同，沒有什麼生活上的規則，說不定大家就是因為直接的感覺到了這一點，所以才會安心的吧。

就像是有的人感到幸福的原因，是藉由把布料裡的紗線抽拔出來，或是用手掌啪嗒啪嗒的拍打著池水。會讓人感到幸福的情況因人而異，更何況如果社會福利的目的是在於讓人幸福的生活，我認為盡可能不要對他們的生活方式設下太多的限制，這才是比較妥善的做法。

但當然有的人也會對於這樣的安排感到不安。學園裡有一條小河流過，曾經有人問，要是園友掉到河裡受傷的話，你該怎麼負責？我回答道：「就是說啊」。我就只回了這一句話，因為對於這種「要是怎麼樣」的假設性問題，是沒有正確答案的。不到事情實際發生的時候，有什麼人能夠知道該怎麼做呢？若再被問到，難道不去考慮事情的風險嗎？也太缺乏自覺性了吧！這豈不就是太沒有責任感了嗎？我真的是回答不出來，因為安全和自由正是兩個相斥的存在。

共存於社區之中＋打造特別的歸所

「場所」的概念若沒有人存在的話就無法成立。那是將空間和人類之間以一種特別的關係去聯繫起來，在這種狀況之下才能夠稱之為「場所」。也就是說，藉由人和場所交互糾結所產生的風土、文化還有社會體系等等的關係性，才能夠說它是成立的。在不同場所生活的人們，如果習慣不同的話，所展現出的氛圍和情感的表現方式也會有所不同。即便如此，我們還是必須要互相認同自己和其他人的存在，心胸開闊的形塑對於同一個場所的共識，並且共享它。

和一般公眾設施不同，社會福利機構是專為照護患有障礙的人的場所，並不被期待做此以外的用途，但是如果我們開始思考，建立共識能夠擴展到多大的範圍呢？在未來，建構一個能讓眾人聚集的場所，應當會是社會福利機構被社會賦予的一大重要職責。

為了個展作畫（鵜木二三子）

新的社會福利空間不再僅指狹義的社會福利，必須要將範圍擴大涵蓋至區域的需求，且我認為還要滿足一些「不明確的舒適感」這一個目的。不明確是對於人類活動提供了一種必要的變化範圍，利用設計和可能性，將這種不明確鑲入場所之中，這就是從現在起，社會福利機構所需要擁有的功能之一。

就像是東京的代代木公園或是紐約的中央公園的存在，都是為了讓都市生活能夠更加的舒適，讓隨時都存在著問題的一般社會能夠有一個放空的場所是必要的。將社會福利機構定位為「正在發展的社會之中的一個新歸所」，這和「為了所有人的社會福利」的概念，兩者之間完全不相衝突。融合了公眾和隱私的社會福利機構，成為了地區之中一個新的歸所，擁有這樣的機能，讓我思索著一種新的定位，即是能夠同時打造包含了小型的機構住宿（住宅機構）以及社會福利辦公室在一個場所之中。

覺得不對的話就改變前進方向

幸福究竟是什麼呢？

答案並不是能夠很輕易地答得出來，但是當我們在面對這個問題時，我開始這麼想，如果把常識還有限制去除，對於園友來說，是不是就可以活得更輕鬆了呢？在反問自己這個問題以及不斷努力摸索之中，菖蒲學園也隨著一路改變。話雖這麼說，但不像是宣揚著改革的藍圖、或是朝著實現某個目標邁進那樣具體，當然我們仍有具體的經營方針或是方向性，不過現在回想起來，那些只是因為「現行的方式有缺點，所以換成用另一個方式做的話比較好吧」，都像這樣只是累積了一些小事件和習慣的改善而已。菖蒲學園總是處於「正在改變著什麼」的同時，也總是在「正朝著某個成果邁進」的狀態之中，這種滾動式變化的本質，就代表了菖蒲學園本身。

從前學園裡大約九成的園友，都參與著物品製作的業務，但是，隨著障礙的加重，還有高齡化的影響，人手漸漸地減少，到了現在約略只剩下半數的人員。繪畫的創作已經超過了大型的作品等等，這種自然演變也是物品製作恰如其分的狀態，並且考慮到要配合園友的狀況以及需求的變化，我們也雇用了許多護理師以及專業照護人員。

我的經營理念是，對於將來「這樣做比較好」的提案，即使真的有這樣的事也不會是絕對的，那都只不過是假設，因此會有很多的變動。嚴謹的經營者都會訂定中長期的目標，並為了達成目標而花費時間努力去實現它，即便是發現了服務對象以及社會狀況的改變，也因為有著強烈的信念，所以仍舊會奮力突破，就算是事前規劃好的計畫也不可能全部都是正確的，沒有發覺自己正往錯誤的方向前進。

若是如此，當發現「不應該繼續向前了，這是錯的」的瞬間就應該乾脆的停下腳步才是，即使別人會問你，為什麼不繼續做呢？也只要按照自己的直覺來回答，「因為我覺得不繼續比較好」，具有能夠調整未來發展方向的柔軟性是很重要的。說到底，我總是認為人類在決定事物的時候，有很重要的一點，那就是我們要會依賴感性。當年過五十，知性能夠做到的事情，大概就是「雖然我的直覺是這樣，但是真的是這樣嗎？」像這般驗證事情的理由而已了吧。

只不過，雖然我做決策的速度很快，但是反過來也可以說我很容易朝令夕改，昨天才交代的事，今天就又要換另一種方式去執行，而我的想法總是變來變去這點，似乎讓職員們很傷腦筋。

正式地宣告身為我自己的生存方式

現在這個時代裡，很多複雜的事情變成只要手指一點就能解決了，同時我們或許也期待著，煩惱和情感的糾葛也能夠以相同的速度獲得解決。不管是誰，都希望求得一個答案，才會感到安心，今後也仍然會是這種傾向吧！但是事實上，真正的答案並不只有一個。

人們不是以一連串的瞬間判斷來決定事物，而是以知性經過詳細規劃訂立出目標，並熱衷於思索著如何以最快的速度達成它，因為重視效率、專注於目標，因此容易想要去催促他人。現在沒有人會去質疑以這種追求效率的方式來處理事物。

或許是受到了這種影響吧，職員們也會煩惱，如果沒有迅速地將事情處理好，就會「給周遭的人添麻煩」，不管怎麼樣都想要將難以處理的事項盡快處理掉，因此而感到焦慮不安。當心情上變成總是覺得自己「被工作追著跑」的時候，就會對於沒有辦法按照自己的要求來做的園友感到焦躁，因而沒有辦法提供他們慈愛溫柔的照護服務了。對於那些預期之外的行為怒氣以對——「為什麼都不聽我的話呢」，因為沒有辦法竭盡全力去思考，所以即便是想回應對方，卻也漸漸地變得讀不懂對方行為背後的意義。到最後，自己會覺得沮喪，情緒也會漸漸失衡。

而說到自己的身心狀態，我們不僅沒有辦法視若無睹，更應該視為最重要的事情，如果不好好照顧好自己的話，怎麼可能顧及照護別人的工作呢？「從事照護工作」的立場和「接受照護服務」的一方，這兩者之間時常存在著陷入優劣關係的可能性。若總是以「自己是在從事著提供照護服務」的想法在執行工作的話，那麼到後來心理上就會感到疲憊，而又因為心理上的疲憊，使得在做照護的工作時變得草率，所以重要的是，自己在沒有辦法保有溫柔友好的態度之前，必須先捨棄自己是「在給予」、「在替他人做什麼事」這樣的想法，如果是以「正在給予」這樣的想法在工作的話，「給予．接受給予」的雙方，並不能建立任何長久的關係吧。

這時，雙方都必須要再次深刻的領悟到我們都「同為人類」這一點。

只是患有疾病的人身上帶有疾病而已，患有障礙的人也只不過是帶有障礙而已，人們並不會因此而有了優劣之別。接受照護的人們只是「有接受必要照護的權利」，照護並不是給予，不要因此而為兩者之間設置差異，當能夠像這樣來培養自己的感性時，照護僅僅是對於「當事人所感受到的障礙」所進行的協助，這樣就能夠理解到，我們絕對不能認為可以經由照護去控制另一個人。

和園友溝通時，即使利用語言和表情來確認他們想表達的意思，卻並不一定總是能夠準確的了解他們的意圖。這麼一來，就有必要重新思索最基本的疑問，那就是我們究竟可以了解他們的什麼事情呢？

為了要知道「你現在在想什麼呢」，就不能夠馬上干涉他們，默默觀察的姿態才是必要的。當自己的身心狀態不佳的時候，是沒有辦法做到這點的，在此同時也必須要好好的讓對方認識自己，這一點意外的很容易被忽略掉。

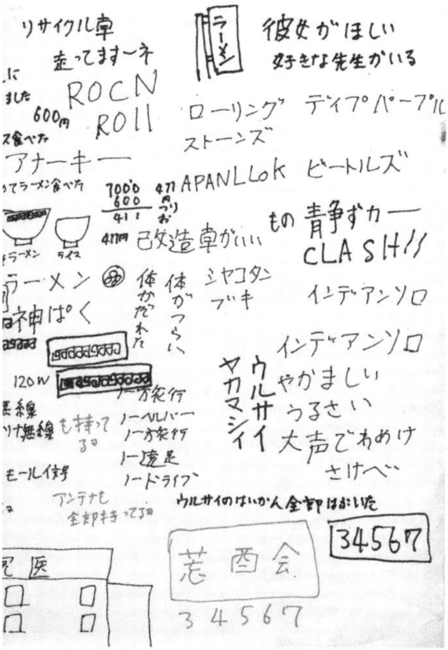

塗鴉藝術（松久保滋郎）

我們藉由語言、表情還有和其他的人比較等這些手段來掌握許多訊息，因此能夠了解對方。即便如此，當面對的是我們的服務對象時，這樣的手段在大部分的情況之下都是不管用的。只用我們所熟悉的溝通方式以及建立關係的方法的話，對方是沒有辦法了解我們的，所以我們得在他們面前將自己完全的展現出來，我們在做這樣的表現時，必須要讓對方能夠清楚的了解，這一點是十分必要的。也就是說，像是喜悅的心情或是情感的變化等等，這些都和我們自己的本質是不可分割的。

能夠用言語來確認，或是能夠用雙眼去理解的事情，大概只占了我們活著的這個世界上所有事物的百分之一吧，雙眼無法證實的世界更加的遼闊，如果要形容所謂的障礙者是什麼樣的存在，我認為說不定他們就是活在我們所看不到的世界之中。

如果是這樣子的話，他們時常會做出我們所無法預測的行為，這應該是理所當然的事情啊！在面對不了解的事情時，我們應要做的是，試著將自己完完全全的投進這個世界之中，真誠地生活下去。我認為只要這麼做，就能夠將自己全部展現出來，並且讓他們認識真正的自己。

當下的滿足

大人們對剛出生沒有多久的小嬰兒並不會多加管教，不論他們做什麼都會肯定並稱讚，當他們有了想要去做的事也不會阻止，讓他們能夠毫不猶豫地去做。但是隨著嬰兒的成長，一旦接近一歲的時候就會開始管教他們了。對他們說著「不可以這樣」、「這個不是那樣做的」，耳提面命想要教會他們什麼才是適時適所的態度，到最後往往會演變成對他們說出「絕對不可以做出像那樣的事情喔」，就像是在說給自己聽一般的話。

很多人都認為，就好像是讓小孩不要再坐在地上打滾耍賴、無理取鬧一樣，遵循社會的規範才是正確的生活方式。因此面對具有社會地位的人或是擁有實際成果的人時，就會改變自己的態度，這是很正常的事情，或者應該說這是很符合常識的事，在某些情況之下甚至是一種禮貌。

園友之中也有人因為不清楚這種秩序，所以對於這些大家都能夠辨別的社會上的關係性，也可以毫不在意地忽視。雖然有的時候會被認為這樣很沒有禮貌、有些失禮，但是由他們的印象所產生的那些情感和舉止，就是他們最真實的反應。所以看著「不想做的事就不做」的他們，就是這麼真誠的人們，那也是很有一致性的舉動，讓我開始想著，目的和手段一致才是重視自己的最佳方法，這正是知行合一的最佳實踐呀！

和這個相反的，我們不注意眼前所發生的事件，等到事過境遷之後才回過頭來懊悔「如果當時多用點心的話就好了」、「下次一定要讓事情成功」，總是只在意著過去或是未來。雖然這也可以說是在追尋著理想，而理想和現實之間的差異也能夠成為讓我們勇於面對新挑戰的動力，不過這或許只是我們在說服自己的一種想法。

有人說「就算是不得已才做的事情，只要忍耐一下把它完成，對你的將來一定也會有所幫助的」，就真的照著這麼做了，實際上也確實獲得好處，「果然當時的忍耐是值得的」確實會這麼想吧。但即便這麼說，也不會因此就讓一開始感到「不得已」的那個負面情緒消失。即使知道對將來有所幫助，也沒有辦法感到自我滿足。

相較之下，園友雖然獲得的好處很少，但不會感到「不得已」才去做某件事，因此他們才能夠以比較沒有壓力的方式生活。

他們只是縫著、只是雕刻著，並不會採取「為了達到目的的手段」，只是單純實行。也不會鞭策自己朝著目標邁進，只尋求當下的充實感和幸福，而不是為了未來的某一個未知時刻的幸福而努力。

將現在眼前的事物就這樣原原本本的理解它們。不，並不是理解，我覺得他們是接納眼前的事物，並且立刻就讓它流逝過去了。接納事物之後，並不是讓它們變成自己的所有物，而是讓它們和單純流逝的時間一般，就那樣一起靜靜的消逝。

和過去以及未來都沒有關聯，所有的一切都是出於本意，他們和我們不一樣，什麼都不會事先計畫，相對的也不會感慨「如果那個時候這麼做的話就好了」，因此他們彷彿也不會反省或是感到後悔，正可謂是最完美的日常生活。

迎合世人這件事

日常之中很多人都會覺得，如果硬是讓要自己的感受「去迎合世人」是一件很難做到的事。感受可分為二，其一是視覺、聽覺、嗅覺、味覺、觸覺等，接受外界直接刺激的感覺，另一種是無法量化，是我們的心可以擁有的不可計數的感受，也就是對於美醜或是善惡等等的感覺。

後者和個人無形的感受有著很深的關聯，例如：感受力（如何對事物產生印象）、洞察力（能夠看清事物的本質和根本的能力）、價值觀（分辨哪件事物才是重要的優先順序）、配合度（和他人的關係性），以及見解（對於事物的思考方式）等等。

感受本來應該是無邊無際且自由的，但是我們為了可以在社會之中順利的進行著社交生活，終究都必須遵循著世上的常識和基準，所以就不得不時時意識到「迎合世人」這件事。要適應這個社會的運作方式是很困難的，這種情況不只針對患有智能障礙以及身體障礙的人，對於性少數族群、反社會人格障礙者、學習障礙者，或者是自閉症患者的人們來說亦是如此。除此之外，即便沒有罹患具有醫學名稱的病症，但是卻曾經認真地思考過為什麼自己「活得這麼辛苦呢？」內心總是如此糾結不堪的人們，會感到自己和這個社會格格不入，且生活在這樣的狀態之下必須要面對重重的困難，每一天都會感到無比沉重的壓力吧。

矛盾心理一詞指的是，對某一樣人事物同時產生兩種恰恰相反的感情或是採取矛盾的態度。

舉例來說，對於某一個人同時產生了愛情和憎惡的感情，又或者是同時感到尊敬卻又輕蔑的情緒。日文裡也將之稱為「兩價性」，當人們抱持著煩惱的時候就容易讓自己陷入矛盾的兩面價值之中，而當煩惱越滾越大時，煩惱本身也可以說是一個矛盾的窘境。

我們一般的溝通是指對話裡直接的意思，以及必須要感受言語之中有沒有包含了哪些心情（情緒）。但是，自閉症患者所說的話，很多文字都和他所想表達的是完全不同的意思，譬如說，當他一直重複說著某一樣食物的名稱時，並不代表他想要吃那樣食物，可能是代表著他想要回家了的意思。

又或者是，因為曾經對於「不可以這樣做」這句充斥著否定意義的話留有印象，因而產生了「想做什麼事但是又覺得不能去做」這種持續糾結的情緒。因此一直重複說著「不可以做」，是因為要藉由這樣反覆確認，來肯定那個曾經被強行否定的自己，並且試著以這種不停被否定的關係來維持和對方，或是和自己的關係。這種表現就是一種矛盾心理的狀態。

也就是說，因為沒有辦法傳達給對方自己現在想要這麼做，就結果而言就是自己的想法受到了對方的漠視，因此不得不遵從周圍那些否定的意向。我們一定要了解他們不時會陷入這樣的狀態之中。

我們為了不要從矛盾心理的狀態陷入進退兩難的窘境，所以總是下意識的不停整理自己的情緒，盡可能讓自己維持在安定的狀態之下，會運用一些謬論、常識或是訊息，想辦法消除由矛盾心理所產生的糾葛，自動引導自己的內心解決這些問題，以避免自己心理的平衡狀態被破壞。

但是，一旦被困在理想和欲望之間的縫隙中，無法逃脫出來，不知道自己究竟應該怎麼辦才好，在某些情況之下就很有可能會引發精神疾病，甚至罹患強迫症，斷絕了與外界的關係，蝸居在自己可以感到安全又安心的狹小世界裡。

不過他們（多數的自閉症患者）並不是藉由時常將自己與周圍的環境隔絕，來讓自己感到滿足。人們的心裡終究有著「遠離的話就會想試著靠近」的這種欲望存在，我們很難理解他們時常斷絕外界的情感，正因為如此，我們必須去想像他們的世界，讓自己身處於其中，試著努力去理解情緒裡的意涵。這也會成為我們和他

這也是木塊上的隨筆畫

們之間能夠心意相通的一個契機，在此同時，從我們的觀點看來，可能會認為他們的感受是超現實的，但是透過了解他們，也使我們對彼此的感受差異有了更深入的認識。

為了能夠順利的生活下去，大家可能會認為處於矛盾的心理狀態之下，並不是一種好的情況，其實只要深入探討的話，就能夠發現原本不為人所見的奧祕，這同時也是一種探索真理的心理。並不是要找出矛盾心理的哪一面才是正確的，我們本來就擁有著深不見底的情感和感受力。活著，就像是浮游於對自己來說過於寬廣且看不見的世界之中，因此現實就會暗示著「得找個地方降落才行」，並讓這個想法朝你湧來。矛盾心理，就是對於現實的一種抵抗，某種意義上來說，很難適應社會的藝術家、還有一部分的障礙者，他們以藝術來表達自己的內心，這些藝術表現就是為了駁斥覆蓋真理的正確言論，同時也為了讓自己的內心能夠保持足以在社會上生活的平衡感。

空與色之間

當我漸漸了解障礙者和我們對於現實的看法不同時，般若心經裡的「空即是色」這句話驀然出現在我腦海中。空即是看不見的世界，超越了現實的透明世界，而色即是現實主義的世界。如果將我們視為色，將他們視為空，色因為存在於現實之中，看起來就是確確實實的存在，並且聞風不動，但是，事實上並非如此，世界是瞬息萬變的。

再者，就某種意義上來說，正因為並沒有能夠永遠持續存在的實體（空），所以只能是一瞬間並且以一定的姿態存在（色）。這個世上所有的存在物以及現象都只是在一轉瞬之間，並不會一直維持相同的狀態存在著，時時都在不停地變化著（諸行無常）。這正是在暗示著我們，要珍惜每一刻好好的活著。當我們看透了世界上不論什麼樣的存在與現象都不具有實體時，就能夠發現，我們對於不存在實體的事物卻懷抱著執著的這件事，是一件多麼空虛的事情。「空」是指看不見的事物，「色」是指看得見的事物。若是空不存在的話，色也不會存在，反之色若是不存在的話，空也不會存在。

相同的，當長年持續刺繡，在我們眼裡只會覺得它是一個很單調的重複性圖紋而已。但是，對於持續變化、向前流逝的時光而言，沒有什麼事情是可以重複進行的，他們的每一個刺繡都只有一個，每一個都不相同的一次性事件，並不是單純的重複。永遠都只有現在這個當下而已，因此即便是花了四、五年的時間所縫製的作品，當縫製結束的那個瞬間到來，對他們而言，那就成為了一個不被需要的物品了，這樣的人簡直就是乾脆爽快的極致呀！

我們說著「能夠舉辦展覽真是太好了」、「下次要做什麼好呢」等等，總是在過去和未來之間來來往往，並且看不見他們所見的「空」。對他們而言，現在這個當下的現實就只有刺繡這件事而已，我認為從這一點就可以窺探出一個人的本性。

還在以家長式作風主義訓練為重的年代，不容易出現的事物，或者是很難被發現的人們展露本性的行為，到了現在，有許多的機會能夠在我們面前展現。為了不要忽視這些美好事件，並在每次它們發生的時候能夠感受到它們，必須要先鍛煉好我們的本能，使心靈更加的敏銳，這麼做是因為當靈感乍現時，是不會預先告知就到來的。

有一天，我從宿舍前面經過，正好看見一位園友一個人在房間裡，模仿著吞雲吐霧的樣子，他並不是在玩空氣吉他而是抽著空氣香菸。他不是要做給誰看，也不是覺得會有人看才做的，只是不由自主地就做出了吐煙的動作。

這麼做有什麼目的？如果要說有什麼目的的話，或許只是一心想試著演演看抽菸的樣子，但卻不自覺的拿出了認真的演技也說不定。比起說是表演，不如說是偶然之中不小心表露出來的事件吧，這對他而言包含的是必然性或者是絕對的真理。

他們在工房裡不斷重複同樣的動作，可能也只是一連串的巧合也說不定，如果這些舉動是完全不經思考就直接表現出來的反應，那就是一直以來潛藏在他們體內的東西。他們不會用語言做出說明或是解釋，只是暗示著我們，並且希望我們可以察覺到這點而已。

在我一直以來的生活方式之中，從來沒有像他們那樣使用過時間，目的和過程這兩者之間的差距總是讓我感到糾葛，並且盼望著在我活著的時候，終有一天能夠一窺「空」的世界的端倪。這或許是身為一個健康的人為了要活下去，所必然的重要事情。

如果要形容的話，這種糾結感就像是，考試在解題的時候那種猛然襲來的壓迫感。但是這和考試不同，面對人生裡的糾結是沒有正確答案的。當我們正面面對它時，我們會使用到智力和體力，某個程度上來說，這也會是我們生命中神采奕奕的瞬間，說不定這甚至就是幸福呢。

不過，「糾結」在這個世上，大多是以艱辛難過的姿態展現。現實是內在的聲音（空），要是堅持貫徹自己的想法，就會被批評沒有常識又惹人討厭。相反的，如果受到過多外來的聲音（色）影響的話，就會承受著沒有辦法清楚說明自己想法的壓力，為此感到困擾。每當需要做出重要的自我決定的時候，這樣的天人糾葛時常會阻擋在我們的面前。

當這兩種聲音同調的時候當然很好，但是當兩者相反的時候，就會讓人感到迷惘以及不安，內心糾葛。思考著該聽從哪一方的聲音來實行才好，並想著要消除另一方的聲音，如果對自己的判斷失去了自信的話，就會開始煩惱自己究竟該怎麼做。不過，我認為我們的人生正是由這樣的糾葛所構築而成的。

身邊的人一旦去世的話，即便我們都會感到遺憾——「如果在他活著的時候能夠再對他更好一點就好了」，但是也會以七七四十九天來作為一個區隔。我們常常會這麼想：「現在我之所以會感到痛苦，都是源自於童年時代的那個記憶」，將不順遂歸咎於種種的理由，對於眼前的將來，以及到目前為止的人生，這期間所感到的糾結，我們將它昇華的同時，也試著去解決它，在不斷重複著這一個過程之中，人們的內心會隨之受到磨練而成長。

相較之下，我發現當障礙者感到糾結的那個瞬間的下一秒，這種感覺就會馬上消失。他們不會感到抑鬱沮喪，在那個當下就會將負面能量全部都散發出來，不會累積在心裡。

我們之所以能夠藉由觀察他們的舉動，並做出像那樣的解釋與分析，是因為當我們理解到，在我們所認定的這個所謂現實的空間，其實只是用極為有限的常識所區隔出來的世界。而他們所見的是一個強韌的「空」的世界，那個和從我們的角度所見的、以常識為基礎的現實主義世界，是完全不同的。

我們替他們取了一個「障礙者」的名字，在替他們命名的同時，社會上也以同樣的方式定位他們，只不過，他們認為「我才不是障礙者喔」。那麼，他們究竟存在於這個被視為現實空間裡的哪一個地方呢？我覺得他們生活所在的地方，既不存在於理想之中，也不存在於現實裡。

從邊緣所見的風景

我越來越搞不清楚，擁有智慧究竟是一件好事還是壞事。生活在社會的制度之下，我們的智慧就會不斷的增長，在生活之中學習分辨事物善惡的同時，雖然也會失去某一些東西，但是智慧讓我們可以對事物做比較，藉由比較，我們能夠更深刻的去認識事物。

可是其中卻也伴隨著拿其他人和自己做比較的時候，此時就會引起競爭的心理，也可能因此漸漸地失去了自信心。在現在這個資訊氾濫的時代，能夠拿來做比較的細節琳瑯滿目，光憑這些就很容易讓人們失去自信。比起基於本能生存，我們更重視智慧還有知識，因為那更利於我們遊走於這個社會上，與他人之間的合作或是達成共識，日常生活中理所當然進行著的溝通和交流，當然也都要靠著智慧才得以成立。

如同之前所述，障礙程度越為嚴重的人的生活方式，比起依賴智慧或是知識，為了能夠生活下去，他們更擅長把與之相關的本能全部發揮出來。因此在我們看來，他們幾乎不會想要表現出要去配合其他人的態度，以道德心來看的話，那種態度就好像是對人十分冷淡的樣子，但是他們本人並不是因為心地不好才那麼做的。為什麼我這麼認為呢？因為要耍心眼刁難必須要有很高度的智慧才能夠做得到，所以，他們所擁有的並不是「不具有顧及他人的能力」，而是「只能夠沉浸於自己的世界裡的能力」，這麼敘述才是正確的。他們那種完全只貫徹自己想法的姿態，像是一種天然呆的自我中心，所以讓人越看越覺得美好。

我們其實也只要將自己放在第一位就好了，但是卻怎麼樣也沒辦法擺脫迎合社會制度的習慣，或許是因為，害怕如果從社會這個群體之中脫離的話，是不是就沒有辦法生存下去了。實際上，對於自己的評價，只要自己決定就好了。但是我們並不是靠著自己親自製作物品、或是從許多的親身體驗之中學習，而是依靠著別人的教導累積成為自己的知識，因此，如果不遵循它的判斷基準的話，就會認為自己沒有辦法在充斥著這些深植於人心的常識社會裡生存下去。

我將社會與非社會的交界處稱之為邊緣（edge），我們的工作包含站在那些因為患有障礙、而沒有受到常識所洗腦的人們身邊，並且見證他們那些不順應社會規範，以及與「瘋狂」僅有一線之隔，卻每每讓人不得不讚嘆他們的天才舉動。

不經思考、突發性的衝動之下所引發的事件，他們就是身處在這一連串的偶然之中，換言之是活在「自然的搖擺」之中。相比之下我們的行為都是有意識的，並且對於偶然的可能性採取了否定的態度，習慣以過去的經驗來預測未來、喜歡能夠再次複製的關係，如果僅憑感覺，什麼都不考慮就行動的話，我們很容易感到不安。但是，當我們的面前突然出現了偶發事件的時候，會感到無法言喻的欣喜悸動，因為那就是奇蹟發生了呀！

陶土製的物品（鵜木二三子）

障礙者本人的意向是偏向於自己的心情，支持當事人讓他們能夠達成自我實現就是我們的工作，在面對障礙者的「自然的搖擺」時，當然還是要站在支持他們的立場上。藉由支持服務的介入，比起傾力去制止他們的「搖擺」，不如讓我們自己也跟著他們一起擺動，我們不就也可以一起感受「自然的搖擺」是多麼地舒適自在了嗎？這麼一來，既是對於人性的尊重，同時也是朝著人本主義的方向發展。

幸福與樂園

在學園的庭園中，一棵苦楝樹上設置了一間樹屋。這棵樹是大約在四十年前，由鳥糞帶來的種子發芽長成的。

有一位園友，他在這裡生活的歲月大約和菖蒲學園的歷史相同，我曾經問他「將來想要做什麼呢？」他回答：「我不知道」、「一直過像現在這樣的生活」。未來也只是「像現在一樣」就滿足了，我想他一定會像現在一樣一直在這裡生活，就這樣，待到他死去為止。他以前曾經在紡織纖維工廠裡工作過，但卻不會想要像以前那樣再到外面的世界去。

當待在外面的世界時，有太多的事情必須要配合社會的規範，那樣的生活頗為艱苦，在「共生社會」裡生活還必須要學會困難的技藝，相較之下只要做自己做得到的事情，或是只要做一些簡單的事情就可以生活的社會，當然是後者能夠活得輕鬆又自在。如果是這樣的話，我應該要把這裡打造成他們的樂園。

就像前面所提到的，國家多年來都在推廣讓患有障礙的人們居住在社區裡，而不是住在機構之中。能夠再一次確認這麼做的理由的時間點，是在一九八九年施行的障礙者團體家屋制度，從機構移往社區的時候。要障礙者在社區裡生活這件事，有它的意義存在，因為當他們在社區社會裡到處走動，可以讓其他的人知道他們的存在，這是為了讓一般人認識他們的第一步。

在那之後，社區生活的目的，並不只是住在社區裡，雖然是以「要考慮以障礙者為主體性的生活方式」為方針，但是即便生活在社區中，和其他人的交流相處機會少、關係又淡薄的話，就無法實現以他們為主體性的方式，達到自立生活的目標，和住在人數不多的機構裡沒什麼兩樣，仍舊是潛伏著危險性。再者，不能夠確認在這樣的制度之下，對他們心理和身理上的障礙，是不是真的做到了令他們可以感到安心的照護（援助、支持）。從這些情況看來，並不是每個人都適合住在像團體家屋這類的據點裡，過著社區生活。

我所構想的樂園——雖然這麼說，其實也不是什麼很誇張的想法——在這裡，每天都會發生一些小事件，也會誕生很多的故事，又馬上消失，我只是想要好好地珍惜這些事情。

不過，服務對象以及職員終究都是人，所以彼此之間也存在著合不合得來的問題。即便有懂得建立良好關係的職員，但是同樣的工作人員來做同樣的事，也不代表總是能夠提供良好的支持服務。並不是只要能夠客觀的去了解對方，就可以讓工作順利的進行，也沒有確切的線索，有時候只能夠無條件的接受，那個人在那個當下的狀況，除此之外別無他法。

一位在學園剛開始工作三個月的職員，他在工作報告裡寫下了這樣的紀錄：

「以前我曾經在一所特殊教育學校裡擔任代理教師一職，為了要提供孩童指導、支持服務，因而產生了類似老師和學生之間的關係，但是，來到這裡尋求日間服務中心服務的對象，大多是成年人，幾乎都是比我還要年長的人。這讓我開始煩惱，提供支持服務的我和我的服務對象之間的關係，應該要如何定位才好。在一開始的時候，我以他們的姓氏加上稱謂稱呼他們，用正式的敬語和他們說話，現在回想起來，那真的是不太自然的對應方式。

究竟什麼形式的支持服務才是正確的呢？我自己也還沒有找到一個明確的答案。當我還在擔任特殊教育學校裡的代理教師時，也曾經教導他們如何去適應團體生活，設計過個別指導的教案以及支持服務的計畫，為了讓那個孩子能夠自立生活，所以替他做個別指導和支持，現在也是，仍舊認為有必要進行讓他們能夠有能力自立生活（並不只是指單純的讓他們一個人獨立的意思）的支持和援助，不過，那不能夠是以站在支持服務一方的立場來進行這件事，必須要考慮這麼做的話，對於那個人的人生是不是能夠變得更好。所

作品們正在準備中（繪畫造型工房）

以進行支持援助的一方，必須要更加的慎重才行。因此，今後我仍然會時時留意持續學習，思考究竟支持援助應該提供的是怎麼樣的服務。

當初，在我接觸到菖蒲學園的各位所創作出的許多作品以及音樂時，受到了很大的衝擊，雖然我想著，如果能夠參與這些作品的製作的話就太好了，但是到了最近，我發現到那似乎和我想像中的不同，並不是我真正想要做的事。

在我進入菖蒲學園工作之後，過了好一陣子都還沒有機會進到工房，看看大家實際工作的樣子，一直到前幾天我終於有機會能夠短暫的進到製作陶藝的工作坊。在那裡，我看到了平常在日間服務中心一邊看著電視，一邊閒聊或是互相在打打鬧鬧、度過開心時光的人們，他們居然變成和平常完全不同的姿態，以非常認真的表情面對著自己的作品，當我看見這樣的場景時，有一瞬間甚至讓我懷疑，他們似乎和我在日間服務中心互動的人是完全不同的人。不像平常總是帶著像是溫柔天真的少男少女一樣的微笑，在那裡他們眼神銳利專注於自己手上的作品，臉上的氛圍變得完全不同，就像是職人工匠一般。當我看到這一幕的時候，感覺實在是太帥氣了，讓我的心裡湧現了對他們的尊敬之意，同時，我也對他們的才華感到嚮往，甚至對於他們產生了些許嫉妒的感情。

當他們在展現真正的自己的時候，不論是在製作物品時，或是以otto & orabu身分參與演奏時，我覺得他們的表情真的是非常的美麗。讓我產生了想要一直看著這樣的表情的瞬間，我意識到我並不是想要參與物品的製作，而是受到製作出這些物品的人的吸引。他們平常十分有趣又個性鮮明，只要開始投入創作的那一刻，就會變成擁有銳利眼神的職人工匠一般凜冽的表情。我認為如果反過來說的話，就是因為是由這麼充滿魅力的他們所做出來的作品，這些作品才會是如此充滿魅力，並且也才能夠感動如此多的人們。」

雖然學習理論固然是很重要的事情，但是如果能夠認真的面對對方去觀察、去了解，那個人現在究竟想要做的是什麼、究竟是因為什麼樣的心情所以想要那麼做，能夠貼近這種想法的人，如果能夠慢慢地持續增加，那真的是再好不過的事情了。

和圓形的刺繡一同走過的人生

二〇一八年年底，園友神村八千代女士過世了。

在她進入學園的那年是十七歲，一直到六十二歲為止，總共四十五年的歲月，從菖蒲學園創辦以來，就開始和我們一起生活。她是唐氏症患者，並且還患有先天性的心臟疾病，但卻是學園裡最受歡迎的風雲人物，愛開玩笑的詼諧性格受到大家的喜愛。她待在刺繡小組裡四十五年，現在我們仍然保存著她的數千件刺繡作品。

直到大約三年前，由於心臟的功能惡化，從那時候起就開始小心的注意著八千代的身體狀況，但是健康狀況仍然不見改善，甚至逐漸變得連要前往工房都很困難。她的親人只有姊姊一個人，而她的姊姊是希望放棄維持生命治療作為醫療的方針，並且雖然覺得比起在醫院度過最後一段時光，還是待在家裡比較好，不過只憑姊姊一個人，沒有辦法好好的看護她。八千代已經在菖蒲學園這個大家庭裡度過了她的三分之二的人生，一般在住宿機構中幾乎沒有辦法做大部分的醫療行為，因此通常都會讓他們住院接受治療。

可是我希望她能夠留在學園裡接受看護，在現今的社會，即便是一般人也很難在自己的家裡迎來人生的最後一刻。要由不是家人的外人來陪伴她人生的最後一刻是一件困難的事，但其實，我也沒有執意要那麼做的勇氣，再加上學園裡沒有常駐的護理師，實際的狀況是，經驗較少又年輕的新進職員也會輪夜班，因此真的要執行起來會遇到許多困難。在考慮過各方面的風險，並不斷和八千代的姊姊討論後，最後決定以職員的身心負擔為優先考量，在大家都能夠理解將會面臨到的沉重責任以及缺乏醫療支援的情況之下，組成了看護小組，成員們之間時時互相確認彼此的身心狀態，一同看護八千代，陪伴她走過人生的最後時光。每天徹底地執行生命徵象紀錄，也製作了工作手冊來對應突發狀況，內容包含要是八千代的身體狀況急速惡化的話，該如何聯絡就醫，或是照護者的心理照護等等，讓照護體制能夠時常保有一定的空間，最重要的是能夠實踐多元化的看護方式。

職員們對於讓八千代待在學園裡直到她生命的盡頭一事表示贊同，這和在醫院或是機構裡離世是不同的，因為在心情上「能夠安詳放心的離開」，而和在醫院不同的還有，我們「不熟悉」面對這樣的事情，因此也會產生一些優勢。我們因為不熟悉，會感到擔心，所以會想要不斷地確認八千代的狀況，時常和她說說話，希望她能夠再多吃一點點也好，八千代的姊姊也在這裡住了下來，竭盡全力一同照顧著她。

在八千代持續處在意識恍惚的病危狀況意識之下的某一天，我走到八千代的床邊和她說話，沒想到她的手就開始微微地扭動了起來，就像拿著針線正刺繡一樣的動作，彷彿是她的身體還記得，自己過得最愜意自在的時光，就是拿著針線繡縫的時候。

二〇一八年十二月二十三日，八千代在姊姊和職員，以及圓形刺繡作品的陪伴之下，安詳地咽下了最後一口氣。因為有著這些在第一線的職員們的觀念和認同支持，我才能夠做出決斷，讓八千代在學園裡走完她人生的最後時光。

讓光照進光照不到的地方

前些日子，有一位職員問了一個問題：「登山的途中如果找不到前進的路該怎麼辦？」意外的很多人都是以「該怎麼做才可以突破這個難題繼續往前進」這個方向思考，這讓我感到很驚訝。還有另一個方法，那就是先往下走去找別條路，明明只要回頭就好了，雖然不知道要往回走十公尺還是一百公尺。確實會感到不安和焦躁，不想枉費一路走來的努力，認為自己好不容易才爬到這個位置的，所以容易陷入一心只要往前走往上爬的心理。我們感到自己本來已經「擁有了許多一路累積過來的事物」，這樣的自尊心會讓我們認為，往後退就像是失敗了一樣，儘管向後撤退這一個選項，其實並不會因此就讓自己以前做出的成果消失。過去的我也是，不管遇到什麼問題都會先排斥抗拒，遇到和自己擁有不同價值觀的人就會輕率魯莽的和對方爭辯。

人只要活著，不可能不遇到和自己的想法完全對立的人，可能會因此讓自己陷入煩惱，或是和對方爭辯不休，我們每個人都不同，而問題就是從這些差異之間產生。但是，儘管如此，我認為整個學園並不需要看起來像是一片靜止的湖面，即便是有些晃動擺盪，仍舊能夠保有平和的氣氛。

無論如何，當我們出生於世，並且還活在這世上的一天，不管是任何人，都沒有辦法否定我們的存在。只要越來越多人能夠這麼想就好了，而我也想讓菖蒲學園成為這樣的一個生命共同體，只是我其實還不夠真正的了解我的服務對象們，也因為不了解他們，不能對他們說「這個是對的」，所以我會想要更加地認識他們。我們之所以只能看到他們所見的世界的一小部分，是因為光尚未照耀到那些地方。可是實際上，即便光還未照射到的地方，也和我們所處的世界是相通的，就像是在我們的體內，都還隱藏著尚未被發現的不可思議的某些能力。

煩惱的人笑顏逐開、悲傷的人走出傷痛，他們之所以能夠忘卻煩惱、恢復活力，如果是因為某些我們無法理解的奇妙理由所帶來的變化，我願意不停地繼續探尋，在他們內心裡，那些奇妙不容易被發現、隱藏在他們的內心，但卻已經滿溢出來的「某些東西」。那些東西不是以整數的型態展現出來的，而是以整數與整數之間，小數點之後的那些無盡的數字所表示的世界。

已經適應一般社會，擁有充沛常識的人的價值觀是以整數所構成的；與之相反，障礙者之中，有些人能夠看見小數點後很難被一般人所看見的世界。在那個世界裡，人們的內在以及現實都被完完全全地表現出來，這些大多是和社會規範或是常識無關的事情，讓我們很難去理解，不過卻是充滿獨創性且十分有趣的。

它會是直接的，可能單單只是例行的或是因為好玩，或者只是習慣動作所造成的結果。像這樣從人類的直覺還有習性所誕生的，人最根本的行為，其實是很難被理解的，因為他們異於能夠清楚說明自己的行為目的的我們，我覺得比起說是在創作，不如說是他們為了和我們不同的獨特目的，才發揮出他們內在所擁有的特殊能力。

患有智能障礙的人具有「利己性」且強烈執著的個性，同時他們往往較不具有社交性，我們沒有意識到他們的行為是源自於自然的基本欲求，反而將那些行動視為是奇特的行為或是異常的行為。他們不尋常的舉動有時候會被當作是「對於第三

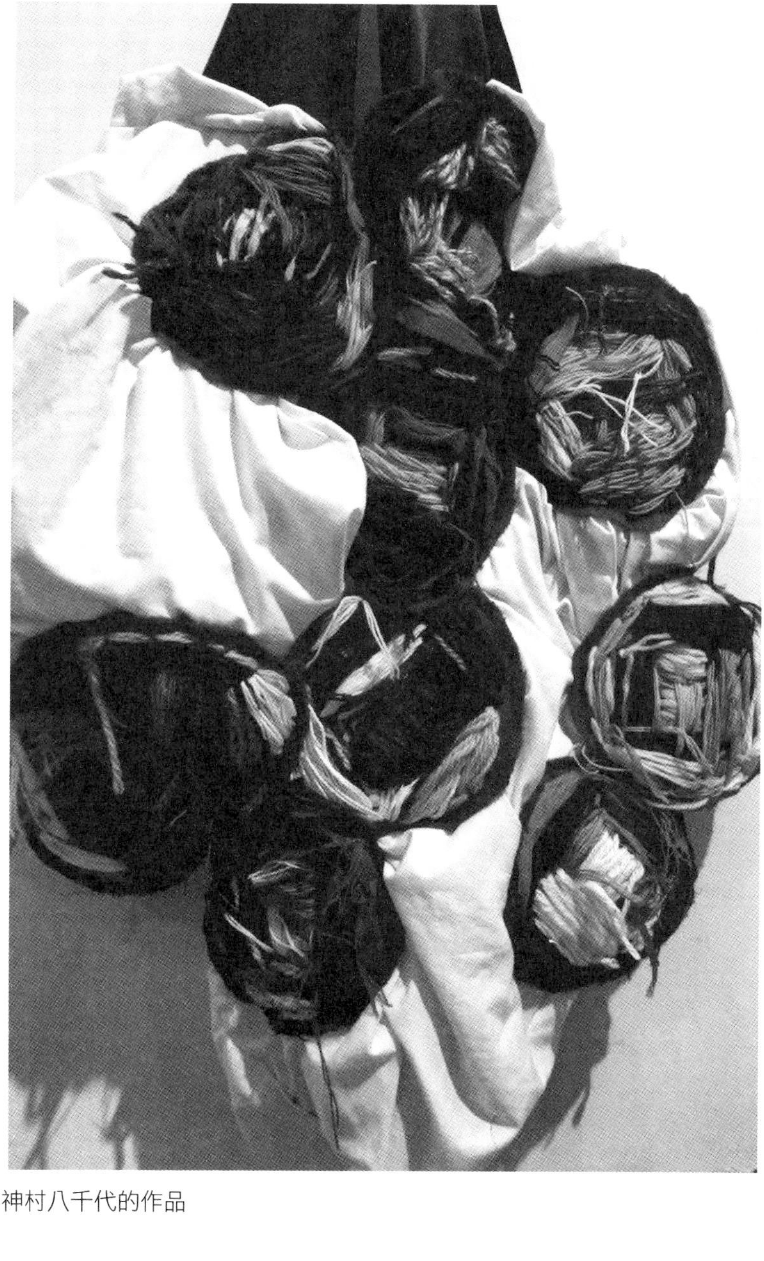

神村八千代的作品

者來說也好、就社會上來說也好，皆無法融入。是會影響周遭的、無法遵守秩序的人」，那些行為舉止被當成是意外事件（偶然發生的事件），被視為一個大問題。對於他們本人而言，這些行為或是表現只是理所當然再自然不過的事情，但是從我們的角度來看，卻會成為意外事件，我將這種情況取名為「自然的意外事件」。

若是解釋為自然發生的一般事情的話，他們所認為的「正常」究竟是代表了什麼意思呢？我們常常聽到的「正常的生活」這句話也是，屬於少數派的人和屬於多數派的人共通的「正常」是有可能存在的嗎？若是真的存在的話，那又是由誰決定的呢？

為了要努力實現「正常的生活」而朝著人道社會以及社會包容前進，這能夠促使社會大眾改變對於障礙者的認知，但是終究，社會或許還是不能領會到應該要重視的是「障礙者」的轉型這一點吧。

為了增進患有障礙的人們在社會上的適應力，表面上的戰略是要求「障礙者」去適應「健全的人」，為了達成這個目的而使用復健（社會適應訓練）的方式進行，換句話說也就是一種同化的人道社會。

實際上，藉由這種訓練所得到的自我實現，果真能夠打破存在於幸福的維度中「障礙者」和「健全的人」之間的那道牆嗎？

在還沒有從障礙之中完全恢復之前，要適應「健全的人」的生活樣式是很困難的，不用說，如果所患有的障礙嚴重程度越是「重度」，這個問題就越是顯著。不要只去強調讓「障礙者」要來適應社會，反而是我們應該擴大社會生活樣式的多元性，改變周圍健全者的認知才對，尋求建立一個能夠包容「障礙者」最原本面貌的社會，這樣的想法才是他們最需要的。

因為普通究竟是什麼？這個答案永遠都是曖昧不明的。

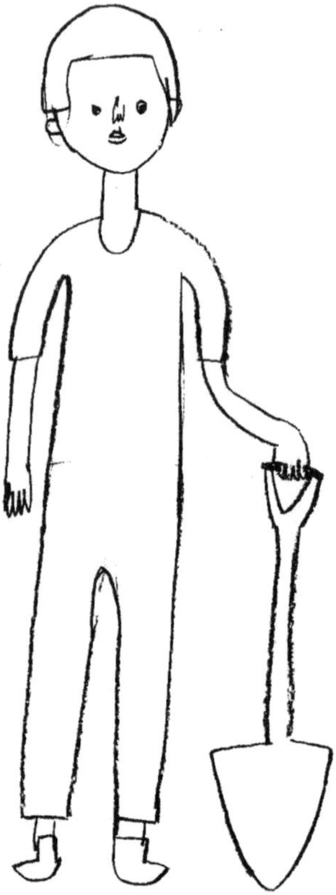

奉上我的感謝

結語

菖蒲學園創立於一九七三年四月一日。

受到高度經濟成長的影響，自一九六九年政府或是縣市單位開始發放補助金給民間福利機構，而學園誕生的那一年被稱為「福祉元年」，同時也是政府開始對於障礙者福利進行行政規劃的時期。

從現在回溯半個世紀以前的一九五九年，我的母親悅子是就職於中學校的特殊班級，擔任患有障礙的兒童的教師，並在六年後，以精神薄弱兒（當時使用修法前名稱）機構的指導員身分從事醫療與教育的工作。在與學生的母親們接觸時，感受到他們雖然不知道該怎麼撫養患有障礙的孩子，仍舊以深切的愛來養育孩子們，可是卻總是因為自己家的孩子「什麼都不會」而感到自卑，內心一直處於動蕩不安的狀態。

當時在職場上，有一位我的母親尊敬為師的人曾說了一句話：「不論是患有多麼重度的障礙，只要我們誠心誠意地對待孩子們，那就是尊重他們每一個人的人生」，這句話深深的影響了母親。

一九七一年，我母親越來越強烈的認為，為了那些孩子們的將來，必須要親自創立一所障礙者機構。我的父親福森操，曾擔任過新聞記者，之後在記者工會任職，也因爲母親的想法而離職，夫妻兩個人一同摸索，開始著手開設學園的準備。

菖蒲學園的用地是父親把家族祖先所傳下來的土地捐出來供學園使用的，對於原本務農的家族來說，土地是最為重要的財產，但是當時，祖父母福森時義與福森枝（エダ）卻很爽快地答應了。接著取得了社區居民的同意，為了辦理法人設立的手續往返縣府，而父親為了取得社會福利相關的資格證照，也參加了培訓。

一九七二年九月開始動工，同年十二月取得社會福利法人的資格，將法人名稱命名為「太陽會」，是為了紀念國民體育大會「太陽國體」在鹿兒島舉辦。

由一開始的五十名入居者啟動了「菖蒲學園」的歷史，集合了不同年齡、能力，其中還有已為人父母的人們，對我的父母來說，每天埋首於面對他們每一個人所展露出來的性格，沉浸在不停地學習和煩惱之中，同時以喜怒哀樂妝點著一天天的生活。

那是某一天所發生的事情，我的母親前往拜訪即將要入住學園的三兄妹家，離鹿兒島市區有一段距離，哥哥和一對姐妹三人都患有障礙。鶴群站立在廣闊的農田中，竹山裡有一間傾斜的房舍，圍爐裡周圍的薪柴散置，上方掛著一個鍋子，掀開鍋蓋一看，鍋裡是一些已經滷煮得過頭並且冷掉的沙丁魚，昏暗的棚架上擺著去世的妻子照片，瞥見玄關擺著一個像是信箱的箱子，一年前由學園職員寄出的賀年卡還在裡頭。

他們的父親從屋內走到能夠曬到陽光的院子來，頂著蓬亂捲曲的頭髮，穿著沒有配色、一眼看去就像是全身都是同個顏色一樣的服裝。他雙手交疊向母親鞠躬，同時用乾啞的聲音說道：

「我也想去鹿兒島，想要去看孩子們出場的運動會。拜託您了。」

雖然貧困，但至少是一直以來住慣的家，孩子們之所以會搬到學園裡來，並不是他們父親的意思，而是公所的安置措施。他們剛進入學園的時候，不和周圍的人親近，也不曾見他們笑，用餐時也只吃米飯和味噌湯而已，不論是肉、配菜還是牛奶都完全一口也不碰。對於自己的衣著也不注重，十分的雜亂，頭髮像是棕櫚皮一樣結成一片。到了一九七三年，孩子們來到這裡五年後，他們的父親過世了，在那之前都還不曾實現來觀摩運動會的心願。得知消息的三個孩子非常的悲傷，淚水滾滾而下。

真的很對不起，沒有成為你們一家人的支柱。

或許是背後有著這樣的想法，我父親以還是新聞記者時的筆名「凡太」，寫下了〈燦爛的太陽之子〉這一首歌。

學園之森的清晨降臨
心情舒暢的小鳥們組成管弦樂團揭開序幕
園生做著收音機體操　音樂劃破晨風
此起彼落的呼吸像飛舞的小白蝶一樣輕快

在自然的校園裡盛開的花朵
這裡也有　那裡也是　太陽之子正在歌唱
小鳥也不甘示弱的唱和著
這個通透的氣氛　正是這場歡樂二重唱的指揮吧
聳立的櫻島俯瞰著我們　就像是母親的懷抱一般充滿包容關懷
將園生們內心裡憑宿的神靈清楚的映照出來
茁壯強健地一路成長的園生們
社會溫暖的雙手守護著大家
如同馥郁芬芳的花兒
明日　必定會照耀著我們

不知道我的父親是否也和我一樣，像是被他們純潔可愛的自由之聲所包圍著，時時留意著那些小心謹慎且溫柔，但又強而有力的聲音餘韻，並且在其中注入了慈愛溫柔的願望的同時，父親或許也一起大聲吶喊了吧。

這世界正在持續地進化，並且想要不停地向前邁進。我們的服務對象所發出的不協和音，再搭配多數派的人以錯覺來伴奏，就像是在抗拒向前邁進一般，我借助了雖患有障礙但卻比我還要成熟的大人們的力量，做著希望能夠讓一般世界之中所有不合理都能夠回到正軌的美夢。

為了要向前邁進，退步是必要的，不可溫故知新——或許應該說是「溫故創新」吧。比起向過去學習，更重要的是一定必須要思考「如何正視自己的過去」，尋訪已經過去不再回來的過往。在那裡，每當風吹到的地方就會產生混沌，因此誕生了新的變化，每當毀滅發生的時候就會重生。人們的心是由和周遭的關係性所衍生的產物，是一種無常的道理，時時都在變化，是漂浮於空中，沒有固定的型態。

所謂的變化，由於變化的結果是無常的，也就是滅絕的，誕生的事物必定會走向滅亡，這雖然會讓人感到不安，不過這樣的狀態卻是充滿創造力的，並不是一件負面的事。然而人卻沒辦法持續地忍受著不安的情緒，許多人為了讓自己從不安之中解放出來，而做出一些應對的舉動，因為缺錢而感到不安的人，則會為了賺錢而做出某些舉動，在不知不覺之中就被金錢支配，逐漸失去了自我。

晨間的庭園掃除

時常想著要儲蓄些什麼，穩定營求的話就能夠一直累積財富，但這也會像是積水一樣淤塞停滯，而像是要淨化那每瞬間一樣，將水持續地倒入鑽了孔洞的容器裡的話，那麼就不會淤塞形成水窪。

不管得到了什麼都不要儲藏。我從智能障礙患者的創作活動中學到，什麼是乾脆爽快的割捨態度。我們應該要學會割捨自己所擁有的事物以及時間，不要留下財產，讓自己的腦袋裡所有的印象總是保持新鮮。正因為沒有永遠理應持續存在的實際狀況，所以才能夠從當下的每一個瞬間之中，誕生出只有對自己而言才具有價值的事物。

在這個世上的所有存在以及現象，沒有任何一樣事物能夠在任何瞬間都保持相同的狀態，所有的東西都隨時在持續變化著。這就是在告訴著我們，要珍惜每一分每一秒好好的活著。

正是因為那些無形不被我們所見，總是時時刻刻轉換變化不息，所以新事物才能夠一再不斷地產生。那不是將已經毀滅的過去再次復原，也不是利用科技操縱著事物的進化，而是要將我們生來就擁有的能力，放到能夠將這些能力都發揮得淋漓盡致的環境之下，要以什麼樣的方式讓事物循環再生，這將會左右了人類的續存問題。

這個夏天，菖蒲學園以未滿十八歲的孩童們為對象，開設了一座全新備有劇場的設施「阿姆阿（アムア）之森」，許許多多人們的支持是我們行動背後的原動力，藉此表達深切感謝的同時，我相信我們所播下的這些願望的種子，將會成為其他事物的新芽。

參考・引用文獻

池田三四郎《原點民藝》〈關於美〉，用美社，一九八六年。
池田三四郎《續原點民藝》〈民意美論——平易近人的解說〉，用美社，一九九〇年。
鞍田崇《民藝的親暱——設計「憐愛」》明治大學出版會，二〇一五年。
佐佐木正人《預設用途入門——知性是從何而生》，講談社，二〇〇八年。
筒井正夫《柳宗悦之於「物」與「心」（彥根論叢第302號）》，滋賀大學經濟經營研究所，一九九六年。
日本民藝館（監修）《用之美》，世界文化社，二〇〇八年。
柳宗悅《柳宗悅全集　著作篇　第9卷　工藝文化》〈該怎麼做才能了解美呢〉，筑摩書房，一九八〇年。

封面繪圖　有川瑠璃子
攝　　影　岩田敏子（彩圖頁四～五、頁三十一、頁九十八、頁一一七、頁一七二、頁一八九、頁一九六、頁二四七、頁二六二）
Werner Penzel（頁一八四～一八五）
三品鐘（頁十七、頁二十～二十一、頁八十七）
西村浩一（頁一六六）
藤本幸一郎（彩圖頁一）
菖蒲學園（其他）
繪　　圖　榎本紗香
森壽子（頁一七二）
製　　作　nui project（溝口由香里）（彩圖頁四～五）
nui project（吉本篤史）（彩圖頁六）
構　　成　尹雄大

人生顧問 419

活出率真：本來的你，就很好

ありのままがあるところ

作　者—福森伸
譯　者—Crystal Tsai
校　對—陳程
責任編輯—廖宜家
主　編—謝翠鈺
企　劃—廖心瑜
資深企劃經理—何靜婷
美術編輯—趙美惠
封面設計—職日設計 Day and Days Design

董 事 長—趙政岷
出 版 者—時報文化出版企業股份有限公司
108019 台北市和平西路三段二四〇號七樓
發行專線—（〇二）二三〇六六八四二
讀者服務專線—〇八〇〇二三一七〇五
（〇二）二三〇四七一〇三
讀者服務傳真—（〇二）二三〇四六八五八
郵撥—一九三四四七二四時報文化出版公司
信箱—一〇八九九臺北華江橋郵局第九九信箱

時報悅讀網—http://www.readingtimes.com.tw
法律顧問—理律法律事務所　陳長文律師、李念祖律師
印　刷—勁達印刷有限公司
初版一刷—二〇二一年五月二十一日
定　價—新台幣三八〇元
（缺頁或破損的書，請寄回更換）

時報文化出版公司成立於一九七五年，
並於一九九九年股票上櫃公開發行，於二〇〇八年脫離中時集團非屬旺中，
以「尊重智慧與創意的文化事業」為信念。

活出率真：本來的你，就很好 / 福森伸著；
Crystal Tsai 譯. -- 初版. -- 臺北市：時報文化，
2021.05　面；　公分. --
譯自：ありのままがあるところ
ISBN 978-957-13-8889-2（平裝）

1. 智能障礙 2. 通俗作品

548.29　　110005404

ISBN 978-957-13-8889-2
Printed in Taiwan